독일어 화용개요 IV

독일어 문장

여종문 저

DER SATZ IN DER
DEUTSCHEN SPRACHE

신아사

이 저서는 2013년도 전북대학교 저술장려연구비지원에 의하여 연구되었음.

머리말

'독일어 화용개요 IV', 〈독일어 문장〉은 문장과 그 구성단위를 정의하는 것과 같은 원론보다는 일상적으로 사용되는 문장의 구성성분과 이들의 화용의미 그리고 이들의 생성에 관한 내용이 중심을 이룬다.

〈독일어 문장〉은 독일어에 대한 특별한 사전지식 없이 독일어 공부를 시작한 학습자들이 독일어 문장구조를 이해하는데 도움이 될 수 있을 것이다. 물론 독일어 문장을 공부하는 목적은 문장형성의 규칙성과 이들 구성성분들 간의 상호작용을 밝혀내 언어의 일반적인 특성을 기술하는데 있다. 이런 이유에서 〈문장요소에서 결합된 부분이 어떤 성격을 가지는가?〉 그리고 〈이들의 결합이 어떤 규칙성을 띄는가?〉를 찾아내고 이를 면밀하게 규정해야 하겠으나, 여기에서는 독일어에는 〈어떤 문장이 존재하고, 이들이 어떻게 형성되고, 어떻게 사용되는가?〉라는 관점에서 독일어에 나타나는 문장과 그 형태의 의미를 이해하는 것을 목표로 한다. 따라서 일상 대화상황에서 사용되는 문장을 중심으로 용례를 구성하였고, 특정한 상황을 기술하기 위해서는 Duden을 중심으로 참고문헌과 사전에서 용례를 선별했다. 이 선별과정에서도 현장감을 높이기 위해 문장을 변화시켰다. 특히, 문장구조자체에 대한 전문적인 기술과 논의는 절제하면서도, 문장구성을 위한 낱말과 낱말뭉치 간의 관련성 그리고 문장구성요소와 그 배열 및 의미관련성, 즉 문장의미 파악을 위한 관련요소에 대해서는 우리가 알고 있는 최소지식을 바탕으로 다양한 관점에서 차별성 있는 구성을 시도했다. 이를 통해 독일어 문장의미와 문장의 발화효과를 분석하는 독자의 능력이 향상되고, 독일어를 사용하는 의사소통상황에서 문장을 효과적으로 구성하는 언어수행능력이 확보될 수 있을 것으로 본다.

독자들이 이 〈독일어 문장〉을 통해 독일어 문장의 표현관점을 이해하고, 의사소통을 위한 문장실행능력을 향상시켜나갈 수 있기를 기대한다.

2015년 12월

저자 여 종문

독일어 화용개요 IV
독일어 문장
Der Satz in der deutschen Sprache

목 차

1. 문장

1.1 언어현상

우리의 생각은 내면언어로 생성된다. 이 내면언어의 모습은 사회화된 언어구조와 일치하지 않고, 부분적이고 축약된 형태로 서로의 연관관계가 확정되어 있지 않은 의미구도를 형성한다. 내면언어는 개인의 환상과 이해되고 싶은 기대감을 반영한 독백과정을 근간으로 언어화되는 특성을 갖는데(L. S. Wygotski), 이는 일정량의 '순수한 의미'들로 구성된 우리의 생각은 언어로 표현되는 과정에서 사용언어에 의해 재조정된다는 의미를 포함한다. 즉, 순수한 의미로 구성된 내면언어(생각/의미)는 의사소통도구로서의 (실행/표현)언어에 의해 제어된다.

언어체계			
생각/내용 부분	실행/표현 부분		
의미	소리/음운	낱말/형태	문장/통사
언어사용			

〈표 1〉

남을 이해하고, 자기가 이해되고 싶은 의도를 실현시키는 의사소통 현상은 사회화된 낱말과[1] 이들의 일반화된 결합구조의 의미를 이해

1 링케/누쓰바우머/포르트만[Linke/Nussbaumer/Portmann]은 전통적인 서양문법기술에서는 '10-품사-이론'이 중심을 이루고 있음을 제시하고 있다(1994: 73-77쪽 참고). 이에 따르면 독일어에서 사회화된 낱말은 10개로 구분될 수 있다: 명사(N), 동사(V), 형용사(Adj.), 부사(Adv.), 전치사(Präp.), 관사/한정사(Art./Det.), 접속사(Konj./Comp.), 대명사(Pron.), 수사(Num.), 감탄사(Int.). 이 고전적인 '10-품사' 구분은 주로 의미적인 관점에 근거하여 구분된 것으로 보인다. 이에 반해 낱말

의 '굴절여부'와 '굴절형태'에 따른 '5-품사-구분'도 한스 글린츠[Hans Glinz](1975^{2}: 235-237)에 의해 제시된바 있다(링케/누쓰바우머/포르트만, 1994: 76-77쪽 참조). 이에 의한 낱말의 종류는 동사(V), 명사(N), 형용사(Adj.), 동반사/대리사(Begleiter/Stellvertreter), 첨사(Partikel) 등이다.

	Verben[동사]	
Nomen[명사]		Adjektive[형용사]
Pronomen[대명사(집합개념)]		Partikeln[첨사(집합개념)]

이 '5-품사-구분'은 '대명사/대리사' 또는 '첨사'와 같은 집합개념적인 총칭분류에서도 엿볼 수 있듯, 낱말이 문장에서 갖는 기능/역할에 따라 분류가 되었음을 보여준다. 따라서 낱말은 '형태적인 특징(형태자질)'과 '통사적인 성질(분포특성)'의 교차특성에 의해 구분될 수 있다 하겠다. 여기에서는 낱말의 '형태자질'에 속하는 주요 성질은 ① 굴절여부 ② 굴절유형으로 그리고 유형에 따른 변화범주를 대략 8가지로 구분하고 이를 굴절유형의 기준으로 한다. 이들은 1. 시간 (현재/과거/미래), 2. 화법(직설법/가정법/명령법), 3. 태(능동태/수동태), 4. 인칭(1인칭/2인칭/3인칭), 5. 수(단수/복수), 6. 격(주격/소유격/여격/목적격), 7. 성(남성/여성/중성), 8. 비교(원급/비교급/최상급) 등이다. 낱말의 굴절여부와 이 유형에 따라 '10-품사'를 구분하면 다음과 같다.

굴절여부: 굴절하는 품사-굴절유형/이름	굴절하지 않는 품사
동사 – 시간, 화법, 태, 인칭, 수/Konjugation	부사
명사 – 인칭, 수 격, 성/Deklination	접속사
형용사 – 인칭, 수, 격, 성, -비교/Deklination, -Komparation	전치사
관사 – 인칭, 수, 격, 성/Deklination	감탄사
대명사 – 인칭, 수 격, 성/Deklination	
수사: 서수 – 인칭, 수 ,격, 성/Deklination (der/die/das erste/ersten)	수사: 기수 (eins, zwei, drei)

낱말의 '굴절여부'에 따른 구분으로는 '10-품사-구분'의 '수사'가 단일품사로 구분되는 어려움을 제시하고 있다. 이런 어려움은 해당되는 낱말, 여기에서는 '수사'가 동일한 품사로 분류/귀속되기 위해서는 한 면으로는 낱말의 형태적인 실현 그리고 다른 면에서는 문장에서 일정한 역할을 해야 하는 통사적인 역할을 해야 함을 내포한다고 할 수 있다. 이러한 통사적인 역할은 낱말의 '분포특성'이라고 표현된다. 이는 문장구성성분 단위자체의 내부적인 그리고 문장구성성분

했을 때 시작된다. 의사소통을 위한 도구로서의 언어는 우리의 내면언어로 - 우리의 경우, 한글로 - 형성된 생각을 기반으로 하고, 동시에 사회화된 도구언어를 통해 제어되는 현상을 보인다. 이들의 상관관계를 간단하게 도식화해 보면 다음과 같을 수 있다.

들 간의 '일치[Kongruenz]' 또는 이를 통한 문장내의 역할조화를 의미한다. 이에 속하는 주요 성질은 문장구성성분들의 ① 격[Kasus] ② 인칭[Person] ③ 수[Numerus] ④ 성[Genus]의에 따른 선별적인 또는 완벽한 일치를 의미한다(여종문, 2013: 113-124쪽 참고). 위에서도 드러나듯 '5-품사-구분'과 '10-품사-구분' 사이의 차이는 '굴절하지 않는 품사'에 있다. '5-품사-구분'에서는 부사, 접속사, 전치사 등으로 구분하지 않고 예를 들면 〈Er kommt mit dem Auto 그는 자동차로 온다.〉와 같이 '전치사는 명사군 앞에 온다.'든지, 〈Ich bin froh, wenn du kommst 네가 온다면 난 기쁘다.〉와 같이 접속사는 '절 앞에 온다.'든지 〈Heute gehe ich ins Kino 나 오늘 영화간다.〉와 같이 전치사와 접속사와는 다르게 부사는 '정동사 2번째 문장에서 정동사 앞에 온다.'와 같은 순수한 통사적인 분포에 의해 이들이 구분될 수 있도록 한 특징을 가지고 있다. 하지만, 예를 들어 〈seit〉: 〈seit den Schulferien 학교 방학 이후로〉, 〈seit sie die Schulferien haben 들이 방학한 이후로〉, 〈während〉: 〈während der Arbeit 일하는 도중에〉, 〈während ich meine Arbeit schreibe 내가 시험을 보는 동안에〉, 〈bis〉: 〈bis nächstes Jahr 내년까지〉, 〈Er wartete noch, bis der Postbote gekommen ist 그는 우편배달부가 올 때까지 기다렸다.〉와 같이 전치사와 접속사의 특성을 동시에 갖는 낱말을 구분하는 한계를 드러내기도 한다. 또한 형용사의 통사적 용법, 즉 형용사 부가용법〈das schnelle Auto 빠른 자동차〉, 부사적 형용사용법〈Das Auto fährt schnell 그 자동차는 빠르게 달린다.〉, 형용사 술어용법〈Das Auto ist schnell 그 자동차는 빠르다〉 그리고 형용사의 명사적 용법 〈das Schnelle 그 빠른 것/자동차〉 등에 따른 낱말 '형용사'의 규정은 '5-품사-구분'의 한계를 드러내기도 한다. 여기에서는 '10-품사-구분'에 나타나는 품사를 사용하고 추가로 변화하지 않는 불변화사를 '첨사[첨사(집합개념)]'를 분류해서 사용하기로 한다.

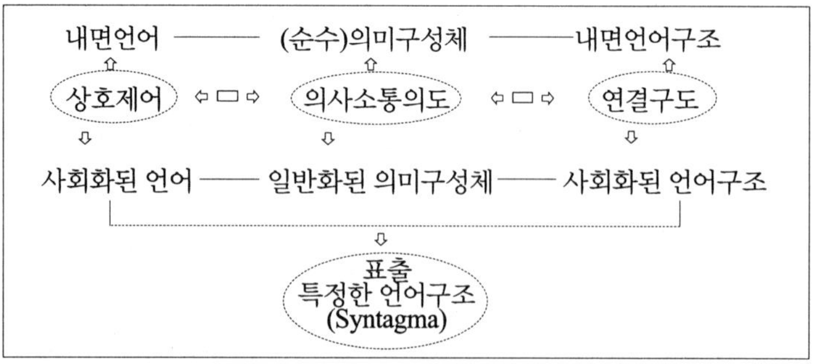

〈표 2〉

이렇게 선정된 낱말과 이를 결구시키는 원리는 표출된 언어현상과 구조에 반영된다.

1.2 언어현상과 문장

우리의 생각을 형성하는 이 내면언어형태가 특정한 사회화된 언어 구조를 통해 표출된 것을 통사체^{Syntagma}라 한다.[2] 통사체는 언어의 낱

---

2 '연결되어' 또는 서로 '붙어 나온다.'는 의미로 낱말의 '붙음 관계'로도 표시한다. 통사체[Syntagma]는 소리, 낱말, 낱말결합체/구 또는 부분문장으로 형성되고 아직은 그 기능이 규정되지 않은 언어단위를 말한다. '바꾸다/갈다'의 의미의 '갈음 관계[Paradigma]'에 대해서는 Bußmann, 2008^4:504쪽을 참조. 낱말이 붙어서 나타나는 '단어군'들의 분류를 구[Phrase]라고 한다. 이들을 통사적인 기능을 중심으로 구분하면 필수적인 핵심어/낱말/품사를 기반으로 하는 공통점을 중심으로 분류할 수 있다. 이들이 문장을 구성하기 위한 기능을 부여받기 전에, 즉 문장구성요소로 규정되기 이전에 가지고 있는 공통분모를 중심으로 구분하면 다음과 같이 대강 5가지 유형으로 구분된다(〈표 3〉의 '실현형태' 참조): 명사구(NP), 동사구(VP), 형용사구(AP), 전치사구(PP), 부사구(AdvP).

명사구 명사가 핵심어 관사 + (…) + 명사	der Student 그 학생 der fleißige Student 노력하는 학생 Studenten aus Deutschland 독일에서 온(지역) 학생들 Studenten, die aus Deutschland stammen 독일에서 온(출신) 학생들
동사구 동사가 핵심어 동사 + (…) + (…)	Sophie **schläft.** 소피가 잔다. Sophie **besucht ihre Feundin.** 소피가 친구를 방문한다. Sophie **gibt ihm ein Buch.** 소피가 한 남자에게 책을 준다. Sophie **glaubt, dass er sie liebt.** 소피는 그가 그녀를 사랑한다고 믿는다.
형용사구 형용사가 핵심어 (…) + 형용사	Das Auto ist **neu.** 이 자동차는 새 차다. Dieses Auto ist **ziemlich alt.** 이 자동차는 상당히 오래됐다. Sophie ist **ihrem Mann treu.** 소피는 자기 남편에게 충실하다. Sophie ist **auf ihren Mann stolz.** 소피는 자기 남편이 자랑스럽다.
전치사구 전치사가 핵심어 전치사+(…)+후치사	Wir fahren **mit dem Auto.** 우리는 자동차를 타고 간다. Der Besucher steht **vor der Tür.** 방문객이 문 앞에 서있다. Wir bringen ihn **bis vor der Tür.** 우리는 그를 문 앞에까지 데려온다. Bäume standen **den Flußentlang.** (그) 나무들이 강을 따라 서있었다.

말과 이들의 특정한 조합을 통해 사회화된 결합구조로 나타난다. 이때 나타나는 특정한 결합구조의 관계를 통사체간의 관계Syntagmatische Beziehung라 한다.

이런 관계는 통사체에 나타나는 낱말의 특성에 의해 결정지어진다. 특히, 내면언어에 나타나는 낱말 중에서도 주체의 행위, 과정 및 상태를 표현하는 동사Verb는 다른 낱말보다도 언어의 통사구조형성에 중요한 역할을 한다. 일반적으로 통사체에 동사가 나타나는 경우를 문장이라는 용어를 사용하여 구분하고, 동사가 '술어'역할을 할 때 '술어문장Verbalsatz'으로 이해한다.

부사구 <u>부사</u>가 핵심어 부사 + (…) + 부사	Wir fahren **<u>heute früh</u>** mit dem Auto . 오늘 우리는 자동차를 타고 간다. Er steht **<u>immer noch</u>** vor der Tür. 아직도 그가 문 앞에 서 있다. Ich bringe es **<u>jetzt</u>** ins Auto. 내가 그것을 자동차까지 가져오겠다. Sie liefen **<u>sehr oft</u>** den Flußentlang. (그)들이 자주 강을 따라 달렸다.

이와 같이 5가지 유형으로 구분되는 구들은 단일품사로 단일뭉치를 형성하거나 다른 품사들과 함께 뭉치를 이루어 낱말뭉치/구를 이룬다. 이때 내부구조는 일정한 낱말배열규칙에 따른다. 이 규칙은 낱말의 기능적 특성과 관련이 있다(위 주석 1 참조). 예를 들어, 명사구에서는 명사의 특성을 표시하는 관사는 반드시 명사 앞에 나오고, 명사 뒤에는 오지 않는다. 형용사구 형성과정에서는 형용사의 특성에 따라 구성요소가 특정한 격을 갖거나, 형용사와 관련된 전치사구가 동반된다. 전치사는 부사와 접속사와는 달리 함께 구를 구성하는 낱말의 격을 규정한다. 엄밀한 의미에서 전치사구의 맨 앞쪽은 전치사가 위치해야 하지만, 〈entlang: die Straße entlang, entlang die Straße 길을 따라서〉, 〈gegenüber: gegenüber dem Rathaus, dem Rathaus gegenüber 시청의 반대편에〉, 〈gemäß: gemäßArtikel 1 des Grundgesetzes 기본법 제 1조에 의거하여, seinem Wunsch gemäß 그의 소원에 맞게/따라〉, 〈nach: von links nach rechts 왼쪽에서 오른쪽으로, meiner Meinung nach 내 생각으로는〉와 같은 경우에는 해당하는 구/낱말뭉치의 맨 끝에 오는 경우도 있다. 이런 낱말뭉치는 대화소통상황에서 통사적인 기능을 부여받고 실현형태인 문장구성요소가 된다(아래 〈표 3〉 참조).

내면언어가 사회화된 언어로 표출되는 형태를 통사체로 그리고 이를 문장Satz으로 이해하고, 이들의 상호관련성을 도식화하면 다음과 같은 연결구도를 연상할 수 있다(여종문, 2013: 119쪽).

생각	내면언어(의사소통의도), 의미구성체(낱말), 언어구조(독립적-축약형태)			
연결도구	명사/대명사, 형용사/부사, 동사			
	사회화된 언어(독일어)	통사체(통사연결규칙)		
실현형태	주어Subjekt	술어Prädikat	목적어Objekt	규정어Bestimmung

〈표 3〉

내면언어, 즉 우리의 생각을 연결도구를 통해 실현시키는 과정을 통해 나타나는 문장은 연결도구 및 실현형태인 문장성분 예를 들어 '주어', '술어', '목적어' 그리고 '규정어'를 포함한다. 이는 아래의 논의에서 다루게 될 핵심사항이다.

문장은 의미자립이 견고한 하위실현단위인 낱말Wort과 이들로 구성된 낱말뭉치Phrase인 부분통사체Teilsyntagma로 구성되기 때문에,[3] 자립적이

3 낱말뭉치/구는 대강 5가지 유형으로 구분된다: 명사구(NP), 동사구(VP), 형용사구(AP), 전치사구(PP), 부사구(AdvP). 이런 낱말뭉치는 구성 성분으로 다시 기술될 수 있다. 위 주석 2 예시문장에 나타난 낱말뭉치를 단계에 따라 간소화하면 아래와 같이 나타난다.

명사구(NP)	= 관사 + (...) + 명사	NP ⇒ Det (Adv Adj) N
동사구(VP)	= 동사 + (...) + (...)	VP ⇒ V (PP NP S)
형용사구(AP)	= (...) + 형용사	AP ⇒ (Adv NP PP) A
전치사구(PP)	= 전치사 + (...) + 후치사	PP ⇒ P (P) NP P
부사구(AdvP)	= (...) + 부사 + (...)	AdvP ⇒ (Adv) Adv

고[selbständig] 완결된[abgeschlossen] 형태의 언어단위로[Sprachliche Einheit] 의사소통수단의 핵심을 이룬다. 동시에 언어적 상위실현형태인 텍스트의 구성단위를 이룬다. 따라서 이런 낱말들이 모여 이루는 문장성분과 이들의 조합에 대한 내용은 통사론[Syntax]에서, 문장보다 더 큰 언어표현인 문단이나 텍스트 구성은 텍스트언어학[Textlinguistik]에서 문장보다 더 작은 단위인 낱말 그리고 형태소[Morph]와 관련된 사항 특히 형태소들이 합해져서 낱말을 형성하거나 서로 다른 낱말들이 서로 결합해서 또 다른 낱말을 형성하는 현상은 형태론[Morphologie]에서 다룬다.

문장은 글말[gesprochene Sprache]과 입말[geschriebene Sprache]형태로 실현되는 것으로 이해된다. 입말에서는 언어소리와 그 소리들의 상호관계[Stimmführung]에 근거한 장-단[Lang-Kurz] 및 고-저, 즉 억양[Intonation]과 휴지[Pausen] 등의 조합에 의거해서 자립-완결된 외적형태로 표시된다. 글말의 경우에는 문장 시작을 알리는 대문자표기[Grosschreibung]와 끝을 표시하는 문장부호[Satzzeichen] 예를 들어 마침표[Punkt]나 감탄부호[Ausrufezeichen] 또는 물음표[Fragezeichen] 등과 같은 기호를 통해 자립적이고 완결된 형태의 언어단위로 표시된다. 특정한 문장부호는 입말에서의 소리의 상호관계[Relation]를 반영하는 표시로도 이해할 수 있고, 문장의 종류[Satzart]를 판단하는 기준으로도 작용한다.

문장들은 사회화-일반화된 연결규칙 즉 문법구조를 내포한다. 이

여기에서의 화살표(⇒)는 '…은 …으로 구성된다.'로 그리고 괄호는(…) '또는 / 그리고'로 읽을 수 있다. 따라서 'VP ⇒ V (PP NP S)'는 '동사구는 동사와 (전치사구 또는 / 그리고 명사구 또는 / 그리고 다른 문장으로) 구성된다.'로, 'NP ⇒ Det (Adv Adj) N'는 '명사구는 관사와 명사로 구성된다. (그 사이에 부사 그리고 형용사 또는 형용사)가 올 수 있다.'로 읽을 수 있다.

는 문장 안에서 낱말들이 고리처럼 서로 연결되는 또는 결합하는 관계 또는 붙임관계로 이해된다. 이런 붙임관계는 입말에서는 시간의 연속[Zeitfolge] 또는 시간관계[Zeitrelation] 안에서 그리고 글말에서는 좌에서 우로 이어지는 공간개념[Raumrelation] 안에서 형성된다. 이런 낱말의 붙임관계[Syntaktische Beziehung]는 주로 문장술어에 의해 규정되어지는 경향을 보인다.

독일어 동사는 문장 안에서 주로 술어로 사용되기 때문에 동사의 종류와 성향에 따라 어떤 내용들이 문장에 포함되어야 하는지가 결정되고, 이에 따라 문장요소의 특성이 규정지어지고 동사주변 문장성분의 변화를 초래한다. 또한 문장술어를 구성하는 동사 스스로의 변화와 동사주변 문장성분의 위치변화에 따라 문장은 서술문[Aussagesatz], 의문문[Fragesatz/Interrogativsatz], 명령문[Imperativsatz / Befehlssatz] 등과 같은 문장의 종류와 형태로 구분된다. 이런 동사변화에 기인한 술어변화는 직설법[Indikativ], 가정법[Konjunktiv] 그리고 명령법[Imperartiv]과 같은 화법유형을 구분하는 기준이 되기도 한다. 따라서 문장은 동사를 기반으로 한 문장술어와 직접적으로 연계된 우리들의 의사소통 기본단위로 이해된다.

의사소통을 위한 기본단위는 우선 두 가지 외적인 기본조건과 내적인 기본조건으로 구분할 수 있다. 외적 기본조건[die Grundlage der Kommunikation]은 개인의 언어지식[Sprachwissen] 및 언어사용[Sprachgebrauch]을 위해 필요한 배경지식[Hintergrundwissen]이라 할 수 있다. 의사소통의 내적 기본조건은 개인의 의사소통의지라 할 수 있다. 대화자의 의사소통의지에 소통을 위한 완전한 또는 불완전한 외적조건이 결합될 때 소통을 위한 언어발현이 시작된다. 이런 언어발현을 우리는 여기에서 의사소통표현형태[Sprachwerk]라 하고 이는 문장을 바탕으로 한다고 이해한다(Bühler,

1934:54). 우리들의 의사소통은 문장을 기반으로 하고 이에는 언제나 낱말과 낱말뭉치들이 사용된다. 이런 낱말과 이들의 사용은 특정한 언어집단의 언어체계Sprachsystem와 그 집단의 언어-사회적 언어규범Sprachnorm 및 언어규칙Sprachregeln을 임의로 벗어나지 않는다. 이렇게 각 개별언어 낱말근간에 자리하고 있는 소리와 연관의미 그리고 연관규칙에 의해 형성된 것을 '언어형성체계Sprachgebilde(Bühler, 1934:57)'로 이해한다. 결과적으로 의사소통을 위해 발화되는 언어형성체는 언어-사회적 단일집단의 언어유전자적 동질성을 갖는다. 언어를 통한 의사소통영역은 다음과 같이 부분적인 공동 집합 개념을 통해 형성되는 것으로 이해할 수 있다.

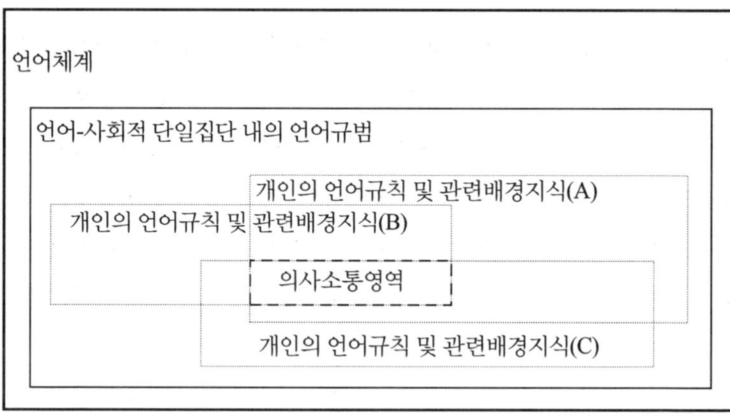

〈표 4〉

언어-사회적 집단에서의 의사소통영역은, 즉 특정언어집단 내에서의 의사소통가능영역은 이 집단에 속한 구성원들이 익힌 개인의 언어규칙과 언어적인 배경지식을 기반으로 형성된다. 특히 개개 구성원에 의한 '언어형성체'가 언어-사회적 단일집단의 언어규범에 벗어나지 않는 낱말붙임관계를 유지하는 문장을 통해서 발화되고 이를 통해 형성되는 공동소통영역으로 이해될 수 있다. 이런 언어-사회적 집단에서의 의사소통영역 안에서 발현되는 언어적 표현, 즉 의사소통표현형태[Sprachwerk]는 언어-사회적 단일집단 내의 언어규범에 의해서만 또는 해당 언어규범을 중심으로 이해되는 특성을 갖는다. 따라서 언어를 배우는 관점, 특히 외국어를 배우는 관점에서 보면, 언어규범에 관한 지식확대를 통한 개인의 의사소통영역의 확대는 개인의 의사소통능력의 확대로도 이해할 수 있고 동시에 개인의 언어지식과 특정 언어-사회집단의 언어규범과의 일치정도의 확대로도 파악될 수 있다.

이런 개인의 의사소통영역의 확대에 근거한 상황에 따른 의사소통표현형태[Sprachwerk]는 언어-사회적 단일집단 내의 언어규범에 의해서 이해되고 또한 해당 언어규범을 벗어나지 않는 범위, 즉 이해될 수 있는 의사소통영역 안에서 다양하게 변화될 수 있다. 언어형태를 해당 언어규범에 벗어나지 않는 범위 안에서 변화시키는 능력은 위의 〈표 3〉에서 의사소통의도로 구성되는 '내면언어', 이를 반영하는 낱말로 표현되는 '의미범주' 그리고 이들의 연결구조와 연결도구를 이해하고 대화소통 또는 대화실현영역 안에서의 언어실현형태들 상호간의 관련성을 파악함으로써 향상되기 시작한다.

발화자의 의사소통의도를 통해 형성되는 낱말은 '누가/무엇이', '누구를/무엇을', '언제', '어디서', '어떻게', '왜'에 해당하는 의미에 따라 의미범주[Bedeutungskategorie/-klaase]를 구성한다. 즉, 언어적인 의식범주[eine Klasse von Phänomenen]를 형성하게 된다(Bühler, 1934:62). 그리고 이 범주를 근간으로 발현되는 낱말의 기능에 따라 동사, 명사/대명사, 형용사/부사와 같은 낱말명칭(품사)을 통해 서로 구분된다.

이것은 낱말이 일차적으로 순수한 의미범주를 구성하는 것으로 이해되고 이들의 의미범주가 연결구조와 연결도구, 즉 언어연결규범 안에서 기능범주로 다시 구분됨을 의미한다. 따라서 '누가/무엇이', '누구를/무엇을', '언제', '어디서', '어떻게', '왜'에 해당되는 낱말들은 동일한 의미범주에 속하는 낱말들로 동일한 기능범주에 속하는 낱말일 가능성이 높다. 따라서 이들은 서로 교환될 수가 있고 일반적으로 동일한 품사와 연계되는 경향을 보인다. 이처럼 교환/대치가 가능한 낱말범주에 속하는 낱말을 치환계열체[Paradigma]라 한다. 이들의 관계를 '바꾸다/갈다'의 의미로 갈음/치환관계[Paradigmatische Beziehung]라 하는데, 이 치환관계는 치환/교환되는 낱말이 문장전체의 논리적 의미와 상충하지 않고 문장의 연결규범(문장문법)에 벗어나지 않는 경우에만 성립된다. 치환계열에 속하는 낱말은 동일한 낱말변화를 하는 특징을 갖는다.

여기에서 우리는 낱말의 붙임관계[Syntagmatische Beziehzng]는 문장 안에서의 연결규칙과 효율적인 의사소통을 위한 표현형태로 언어규범과 일치하는지에 중점을 둔다면, 낱말의 갈음/치환관계는 낱말의 의미범주와 낱말의 기능범주에 대한 이해향상을 통해 개인의 의사소통능력을 확대하게 하는 바탕으로 이해한다. 따라서 독일어의 횡적 관계와 종적관계에 대한 정확한 이해는 개인의 의사소통영역의 확대를 유도하고 이를 통해서 독일어를 이용한 의사소통능력이 향상될 수 있다. 이를 뷸러의 언어형성체계[Sprachgebilde]와 의사소통표현형태[Sprachwerk]를 근간으로 독일어 언어사용규범 그리고 낱말연결규칙 등과 연계해서 예를 들어 구성하면 아래와 같다.

언어형성체계[Sprachgebilde]

내면언어 : ICH MILCH GERN TRINKEN

입말 : 소 리 / 시 간

글말 : 문 자 / 공 간

독일어 언어규범[Deutschesprachnorm]

의미 : 누가 / 무엇을 / 언제 / 어디서 / 어떻게 / 왜

기능 : [**TUN**; **HABEN**; **SEIN**]

기능구성요소 : 주어 술어 목적어 규정어

⇩

독일어문장규범

낱말연결규칙(문장문법)

⇩

Ich trinke Milch gern.

Ich trinke gern Milch.

Milch trinke ich gern.

Gern trinke ich Milch.

의사소통표현형태[Sprachwerk]

〈표 5〉

2. 문장의 구성요소

2.1 문장영역

위 1장의 〈표 5〉에서의 의사소통표현 형태인 〈Ich trinke Milch gern.〉이라는 문장[4]을 통해 보면 〈ich: 나〉, 〈trinken: 마시다〉, 〈Milch: 우유〉, 〈gern: 즐겨〉이라는 낱말이 한꺼번에 함께 나타나는 것이 아니라, 개개의 낱말이 하나씩 하나씩 연계되면서 이어지는 연속관계를 보이면서 〈나는 우유를 즐겨 마신다.〉라는 의사소통의미를 형성하는 것을 관찰할 수 있다. 이런 연속 또는 나열 형태는 입말의 경우에는 시간에 따르는 순서에 따라 소리로, 글말일 경우에는 공간적인 순서에 따라 문자를 통해 순차적으로 나타나는데 이를 낱말의 선형적인

---

4 여기에서 의사표현을 위한 의사표시형태로 이해되는 '문장'은 개별 언어적으로 특징적인 규칙에 따라 작은 언어표현단위, 예를 들어 그들의 의미 문법구조 억양 등 여러 가지 구성요소적인 특성에 따라 다양하게 이해된다. 그 중에서도 두드러진 관점은 ① 미국구조주의 영향을 받아 문장을 표현형태/통사체계의 최대단위로 이해하고, 문장은 이들의 구성단위들이 서로 연계된 것으로 이해하는 관점이다. 이런 관점에서의 문장은 최소단위인 음소가 형태소를 형태소가 낱말을 낱말들이 문장구성요소를 이루는 것으로 기술된다. 반면에 ② 생성주의 문장통사이론에서는 문장을 의사표현형태/통사체계분석의 출발점으로 보고, 문장을 이용한 의사표현형태의 확장과 그 규칙을 이해한다. 이 두 관점에서는 문장을 이론-잠재적인 언어영역인 랑그[Langue]와 실제적 실현영역인 빠롤[Parole]로 구분해서 설명하고 있다(Bußmann, 2008: 601이하 쪽 참고). 일반적으로 문장은 다음의 다섯 가지 관점에서 구분이 가능한 것으로 이해되고 이 구분에 따라 기술되는 경향을 보이는데 그 내용은 다음과 같다.

① 문장의 **정동사 위치**에 따라: 정동사문두위치문장, 정동사 제2위치문장, 정동사 문미위치문장
② 문장의 **화용/의사소통기능**에 따른 구분: 요구문장, 서술문장, 의문문장. 희망문장
③ 문장(술어)구조의 **복잡정도**에 따른 구분: 단순문장, 확대문장, 복합문장
④ 문장단위의 구성적인 **예속관계**에 따른 구분: 주문장, 부문장
⑤ 문장성분**연계성**에 따른 구분: 병렬/등위문장, 종속문장.

연계[lineare Abfolge]라 한다. 또한 이들 서로간의 관계를 '통사관계/붙임관계'라 한다.

이런 선형적인 연계형태인 〈Ich trinke gern Milch.〉는 예를 들어 '독일어 문장의 첫 낱말은 대문자로 시작하고 마지막은 문장부호로 끝난다.' 또는 '술어동사[5]는 주어의 인칭과 수에 따라 변화한다.' 등과 같은 독일어낱말 연결규칙 또는 독일어문장 문법에 따라 〈ich〉는 〈Ich〉로, 〈trinken〉은 〈trinke〉로 변화되고 명사와 부사인 〈Milch〉와 〈gern〉은 그들의 문장영역에서 자신들의 위치를 확보하면서 규칙적인 의사소통의미를 형성한다.

하지만 예를 들어 〈표 5〉에서는 〈Ich trinke Milch gern.〉 이외에도 독일어 문장규범이 허락하는 의사소통형태들인 〈Ich trinke gern Milch.〉, 〈Milch trinke ich gern.〉, 〈Gern trinke ich Milch.〉도 나타난다. 이는 독일어에는 한 가지의 낱말연결규칙만이 절대적으로 유일하게 존재하는 것이 아니라, 다른 연계형태를 포함하는 독일어 문장규범이 있음을 나타낸다고 하겠다. 독일어에는 어떤 낱말연결규칙이 있

5 동사들이 몇몇의 특정기준으로 완벽하게 구분될 수 있는 것은 아니지만 문장 안에서의 기능, 즉 ① 〈동사가 어떤 의미로 규정되는가?〉 (의미)에 따라, ② 〈동사가 홀로 술어가 되는가?〉 혹은 〈다른 동사와 함께 술어가 되는가?〉 (독립성)에 따라 그리고 ③ 〈문장 안에서 어떤 문장성분과의 결합을 필요로/허용하는가?〉 (결합성)에 따라 구분이 가능하고 이들의 기능은 중첩되거나 교차되기도 한다. ① 동사의미에 따라서 동사는 ⇒ 행위(표시)동사, 과정(표시)동사, 상태(표시)동사로, ② 동사의 독립성에 따라서는 ⇒ 완전동사, 조동사, 화법조동사로 구분될 수 있다. 또한 ③ 다른 문장성분 및 낱말과의 결합성에 따라서는 ⇒ 타동사, 자동사, 재귀동사 등으로 구분될 수 있다. 이런 이유에서 모든 동사는 문장에서의 기능구분에 따라 예를 들어 '행위동사, 완전동사 그리고 타동사' 등과 같이 여러 가지 명칭을 동시에 포함하기도 한다. 여종문(2013: 125-136쪽) 참고.

는지를 파악하기 위해 이 문장들

Ich trinke Milch gern.
Ich trinke gern Milch.
Milch trinke ich gern.
Gern trinke ich Milch.

를 형성하는 낱말들과 이들의 연계를 비교해보면 4개의 낱말 〈ich〉, 〈trinke〉, 〈Milch〉, 〈gern〉 중에서 3개 〈ich〉, 〈Milch〉, 〈gern〉의 위치가 변화되면서 서로 다른 의사소통형태를 형성하는 것을 관찰할 수 있다. 다만, 원형동사 〈trinken〉에서 주어 〈ich〉의 인칭과 수에 따라 그리고 시간에 따라 어형 변화한 〈trinke〉 만이 항상 같은 자리인 두 번째 위치를 고수하고 있다. 이렇게 변화하는 동사를 정동사^das finite Verb/Verbum Finitum^라 하고,[6] 정동사가 문장의 두 번째 영역에 나타나는 문장을 정동사 2위치문장^Verbzweitsatz/V2-Satz^ 또는 핵심문장^Kernsatz^이라 한다.

정동사가 두 번째 영역에 나타나는 핵심문장은 예를 들어 〈Sie liest

---

6 품사 '동사'는 문장에서 주로 '술어구/술어뭉치'가 된다. 동사가 문장술어가 되기 위해서는 여러 변화조건이 따른다. 이런 여러 조건 중에서 적어도 한 조건에 의해 변화되어 사용되는 동사의 형태를 정동사라 한다. 영어에서 '시제화된 tensed' 형태의 동사를 주로 의미하는 경향을 보인다. 독일어에서는 '제한된/정해진 begrentz/finit' 조건에 의해 변화된 술어동사를 의미한다. 이 '제한된' 또는 '정해진' 조건에는 주어의 '인칭^Person^'과 '수^Numerus^'에 따른 변화는 물론, 기술/보고/발화 '시간^Tempus^', 직접/간접 '화법^Modus^', 능동/수동 '태^Genus Verbi^' 및 경우에 따라서는 기술/보고/발화/서술 '관점^Aspekt^' 등이 속한다(위 1.1의 주석 1 참조). 독일어 문장에서 정동사의 위치는 문장의 종류를 결정하는 기준이 된다(위 주석 4 참조). 독일어의 완료형, 수동형, 미래형과 같은 복합 술어형태에는 동사변화를 하는 술어부분(정동사)과 동사변화를 하지 않는 술어부분(비정동사)이 결합하여 나타난다. 이에 대한 설명은 여종문(2013: 135-140쪽)을 참고하시오.

eine Zeitung. 그녀가 신문을 읽는다.〉, 〈Eine Zeitung liest sie. 그녀가 신문을 읽는다.〉, 〈Wir haben ein Haus gekauft. 우리는 집을 샀다.〉, 〈Das Haus wird (von uns) gekauft. 집은 우리에게 매매되었다.〉, 〈Wir werden ein Haus kaufen. 우리는 집을 구입할 예정이다.〉, 〈Wann kaufen wir das Haus. 우리 언제 집사지?〉 등에서와 같이 서술문장과 이들의 도치문장[Inversion], 특히 서술문장의 완료형과 수동형태 및 서술문장의 미래형 그리고 보충의문문 등에서 나타난다. 이런 문장형태에서의 정동사는 주어는 물론 발화환경에 따른 시간과 관점 그리고 사실여부에 따라 변화한다.

하지만 독일어에 여러 가지 낱말연결규칙이 존재하는 것처럼, 정동사가 언제나 문장의 두 번째 위치에만 오는 것은 아니다. 예를 들어, 〈Fähst du nach Berlin mit. 베를린으로 함께 갈거니?〉, 〈Hören Sie endlich auf. 이제 정말 그만 두세요!〉, 〈Ist das ein tolles Auto. 멋진 자동차다!〉, 〈Wäre ich ein Millionär, dann würde ich···. 만약 내가 부자라면, ···할 텐데〉, 〈Könnte ich gut singen, dann würde ich···. 내가 만약 노래를 잘 할 수 있다면, ···할 텐데〉와 같은 문장에서는 발화환경에 따라 변화하는 정동사의 위치가 두 번째가 아닌 첫 번째에 온다. 이런 문장을 정동사 문두위치문장[Stirnsatz/Verberstsatz/V1-Satz]이라 한다. 정동사 문두위치문장은 예시문장을 통해서도 확인이 가능하듯, 결정의문문 그리고 명령문 및 감탄문 그 외에도 비현실적인 희망/조건문 등에 나타난다.

그렇다면 〈···, dass er sie gesehen hat 그가 그녀를 보았다는 사실(이/을)···〉, 〈···, der auf mich wartet 나를 기다린 사람이〉, 〈Wenn wir das nicht gemacht hätten! 우리가 그것을 하지 않았더라면!〉, 〈Wie er gott aussieht! 맙소사 그 사람 몰골이라니!〉, 〈Wie du das so schnell isst! 너 엄청 빨리 먹는다!〉 등은 어떨까? 이들은 문장의 처음과 두 번째 위치에 정동사가 나타나나는 문장뿐만 아니라 또 다른 문장형태가 있음을 짐작할 수 있게 한다. 이들은 정동사가 문장의 마지막에 위치하는 문장[Verbletztsatz/VL-Satz]들이다. 독일어에서 정동사 문미위치문장[Spansatz]은 주로 접속사를 동반하는 부문장[Nebensatz]과 조건/관계를 표시하는 부문장 그리고 비현실적인 희망을 표시하는 문장과 감탄을 표시하는 문장을 형성한다.

독일어에서 문장은 예를 들어 〈Komm! 어서와!〉, 〈Hilfe! 도와주세요!〉와 같은 한 낱말 문장이나 〈Feuer! 불이야!〉, 〈Schneller! 더 빨리!〉, 〈Herein! 들어와!〉에서와 같이 동사가 생략된 문장을 제외하고는 최소 1개의 술어동사를 포함한다. 이때 이 술어동사는 문장의 정동사가 되기 때문에 '정동사가 문장의 어디에 위치하는가?'에 따라 문장을 형태상으로 구분할 수도 있다. 이에 따라 독일어문장은 정동사가 문장의 두 번째 영역에 나타나는 문장인 '정동사 2위치문장[Verbzweitsatz/V2-Satz]' 또는 '핵심문장[Kernsatz]'을 중심으로 정동사가 문두에 위치하는 '정동사문두위치문장[Stirnsatz/Verberstsatz/V1-Satz]' 그리고 정동사가 문장의 마지막에 위치하는 문장[Verbletztsatz/VL-Satz]인 '정동사 문미위치문장[Spansatz]'으로 구분이 가능하다. 특히, 문장술어가 완료형이나 수동형 그리고 미래형과 같이 두 개 이상의 동사로 형성되는 복합 술어인 경우에는 정동사의 위치에 따라 외형적인 형태를 구분한다. 예를 들어,

> Hast du schon dein Eis aufgegessen?
> 네 아이스크림 벌써 다 먹었니?
>
> Aufgegessen habe ich noch nicht.
> 아직 다 먹은 것은 아니야.

Wie du das so schnell isst!
너 엄청 빨리 먹는다!

에서 첫 번째 문장의 정동사인 〈Hast〉가 문장의 첫 번째 위치에 나오기 때문에 〈Verberstsatz〉 즉 〈V1-Satz〉인 〈Stirnsatz 정동사 문두위치문장〉이다. 두 번째 문장에서는 정동사인 〈habe〉가 두 번째 위치에 나오기 때문에 〈Verbzweitsatz 정동사 2위치문장〉 즉 〈V2-Satz〉이다. 이 경우에는 동사가 술어가 되어 문장의 핵을 이룬다고 이해하는 의미에서 〈Kernsatz 핵심문장〉이라 한다. 세 번째 문장은 〈Verb-letztsatz/VL-Satz〉로 정동사인 〈isst〉는 문장의 마지막 부분에 위치하는 문장이다. 이를 〈Spansatz 정동사 후치문장〉라 한다.

이렇게 한 개의 술어(구)를 통해 형성되는 문장을 단순문장이라 한다. 이런 단순문장에 나타나는 정동사의 위치를 기준으로 문장의 종류를 구분하면 다음과 같다.

문장에서의 정동사 위치에 따른 문장명칭	문장의 종류
Sätze mit Verberststellung/Verberstsätze/V1-Sätze	**명령문/결정의문문**/감탄문/비현실적 희망/조건문
Sätze mit Verbzweitstellung/Verbzweitsätze/V2-Sätze	**서술문/보충의문문**
Sätze mit Verletztstellung/Verbletztsätze/VL-Sätze	**조건/관계표시 부문장**/감탄문/비현실적 희망문

〈표 6〉

위의 예문 〈Ich trinke gern Milch.〉에서는 정동사 〈trinke〉의 위치가 두 번째에 나타나는 것이 명확하지만, 예를 들어 〈Die Studenten aus Korea trinken gern Milch 한국에서 온 학생들은 우유를 즐겨 마신다.〉에서 정동사 〈trinken〉의 위치는 두 번째가 아닌 다섯 번째로 이해될 수가 있다. 이를 염두에 두고 다음 예문을 보자.

> [···]. Ein Sachverständiger von der Versicherung **war** schon vor Ort. Die ganze untere Etage **muss** leer geräumt werden. [···]
> [···]. 보험사의 감정사가 여기를 다녀갔다. 아래층 전부를 비워야 된단다. [···]

상용편지 중에서 발췌한 위의 예문에서도 발화환경에 따라 변화하는 정동사인 〈**war**〉와 〈**muss**〉가 문장의 두 번째 낱말이 아니라 〈**war**〉는 6번째 그리고 〈**muss**〉는 5번째에 나타난다. 따라서 문장에서 정동사의 위치를 표시할 때 사용된 '첫 번째', '두 번째' 또는 '문장 마지막 위치'는 낱말의 숫자 또는 배열에 따른 기준이 아니라 다른 분류기준에 의해 구분되는 것을 짐작할 수 있다. 분류기준을 이해하기 위해 예문을 좀 더 들어다보자.

> Die Studenten aus Korea **trinken** gern Milch.
> Ein Sachverständiger von der Versicherung **war** schon vor Ort.
> Die ganze untere Etage **muss** leer geräumt werden.

독일어에서 정동사는 문장의 두 번째 영역에 나타난다고 했다. 따라서 이에 해당하는 〈**trinken**〉, 〈**war**〉, 〈**muss**〉가 두 번째 영역에 나온다고 할 수 있다. 이런 이유에서 〈**trinken**〉, 〈**war**〉, 〈**muss**〉 앞의 영역을 문장의 첫 번째 영역/위치라고 할 수 있다.

이는 문장에서 문장영역에서의 위치를 정하는 기준은 낱말이 아닌 통사단위[syntaktische Einheit]에 의함을 의미한다(위 1.2 주석 2의 명사구 참조). 만약 문장영역에서의 위치를 정하는 기준이 낱말이라면, 정동사인 〈**trinken**〉과 〈**war**〉 그리고 〈**muss**〉의 위치는 문장의 두 번째 위치에 오는 낱말이 아니라 〈**war**〉는 6번째 그리고 〈**trinken**〉과 〈**muss**〉

는 5번째 위치에 나타나는 낱말이라고 할 수 있다. 따라서 문장의 영역 또는 위치를 구분하는 기준은 낱말이 아니라는 사실을 확인할 수 있다. 이런 구분은 '통사적인 단위'라는 기준에 의해서 구분된다. 이런 통사적인 단위는 낱말 또는 낱말뭉치를 통해 문장에서 실현되는데,[7] 이를 통사체[Syntagma] 또는 문장구성성분[Konstituenten des Satzes]이라 한다. 위 문장에서 우리가 지금까지 확인한 문장구성성분[Satzkonstituenten]을 네모괄호를 통해 구분해 보면 다음과 같다.

[Die Studenten aus Korea] [trinken] gern Milch.
①　②

[Ein Sachverständiger von der Versicherung] [war] schon vor Ort.
①　②

[Die ganze untere Etage] [muss] leer geräumt werden.
①　②

여기에서는 첫 번째 그리고 두 번째 문장구성성분을 구분하고 나머지 문장성분은 구분하지 않고 있다. 이렇게 구분되지 않은 나머지는 위치/영역은 어떻게 구분될 수 있을까? 이와 관련된 구분설명은

7 낱말이 문장성분으로서 역할을 하는 것은 문장 안에서의 쓰임과 기능에 따라 결정된다. 독일어 낱말/낱말뭉치/구와 문장성분은 기능에 따라 주어[Subjekt], 술어[Prädikat], 목적어[Objekt], (부사)보충어[Adverbiale Bestimmung] 등으로, 격[Kasus]에 따라서는 주격(1격)[Nominativ], 소유격(2격)[Genitiv], 여격(3격)[Dativ], 목적격(4격)[Akkusativ] 등으로 구분된다. '문장기능'과 '격'상호간의 관계는 예를 들어 주격은 주어로 목적격은 목적어로 사용되는 당위적 연계성을 갖는다. 낱말과 낱말뭉치/구 그리고 문장구성성분간의 연관관계는 사용되는 낱말과 낱말뭉치/구에 반영되고, 이 반영요소는 대부분의 경우에 문장구성성분의 기능을 구별하는 변별요소로 작용한다. 따라서 문장구성요소가 포함하는 낱말과 낱말뭉치가 가진 변별요소를 통해서 문장구성요소가 가진 문장 안에서의 역할을 판단할 수 있다. 문법과 기능에 따른 문장성분에 대해서는 아래 주석 27 참조.

위의 예문 〈Ich trinke gern Milch.〉를 통해 유추할 수 있다. 우리는 위에서 이 해당 예문과 관련된 독일어 언어규범에서 허용하는 낱말 배열규칙은 한 가지 방법인 〈Ich trinke gern Milch.〉으로만 고정되어 있는 것이 아니라, 〈Ich trinke Milch gern.〉, 〈Milch trinke ich gern.〉, 〈Gern trinke ich Milch.〉와 같은 배열방법도 독일어 언어규범에서 허용된다는 사실을 확인하였다. 이를 다르게 표현하면, 문장 〈Ich trinke gern Milch.〉의 〈Ich〉는 바로 정동사 〈trinke〉 뒤 세 번째 위치로 이동하고,

[Ich] [trinke] gern Milch. ⇒ $^{?}${ø} trinke ich gern Milch.

비어있는 원래 [Ich] 위치인 {ø}에 문장의 다른 낱말인 〈Milch〉나 〈gern〉이 옮겨져 나타난 문장이 문법적으로 허용되는 경우에는 낱말 〈Milch〉와 〈gern〉은 문장을 구성하는 낱말인 동시에 문장구성요소임을 의미한다.

Ich trinke gern Milch.	⇒	$^{?}${ø}	trinke	ich	gern Milch.
	⇒	Milch	trinke	ich	gern.
	⇒	Gern	trinke	ich	Milch.

위치 이동이 완료된 문장인 〈Milch trinke ich gern.〉과 〈Gern trinke ich Milch.〉가 모두 문법적으로 옳기 때문에[8] 옮겨진 낱말부분인 〈Milch〉와 〈gern〉을 문장구성성분으로 파악할 수 있다. 이런 관찰결과는 아래 〈표 7〉에서 보여주는 것과 같이 문장구성성분간의 위치/

8 우리의 관점에서 보면 변형되는 독일어가 문법적으로 옳은지 옳지 않은지를 구분하는 것은 쉽지 않다. 이런 설명구도는 악순환구도처럼 여겨지지만, 계속되는 연습과 관찰이 이런 상황을 극복하는 필수조건이다.

영역교환이 가능함을 의미한다. 이는 특히 문장 두 번째에 위치한 술어 [trinke]를 축으로 전후 문장구성성분들의 이동[Umstellung]이 가능함을 포함한다. 이런 특성은 의사소통상황에 따라 그리고 문장구성성분에 주어지는 억양에 따라 서로 다른 화용의미를 포함할 수 있다.

①	②	③	④
[Ich]	[trinke]	[gern]	[Milch].
[Ich]	[trinke]	[Milch]	[gern].
[Milch]	[trinke]	[ich]	[gern].
[Gern]	[trinke]	[ich]	[Milch].

〈**표 7**〉

이렇게 문장을 이루는 낱말 또는 문장구성성분의 위치/영역을 바꾸어 비교하는 실험을 **이동실험**[Umstellungstest/Permutationstest/Bewegungstest/-probe]이라 한다. 이런 문장구성성분을 이동하는 실험은 〈Ich trinke gern Milch.〉의 예시에서처럼 언어적 표현단위의 문법적 허용정도를 검토하고, 문장을 구성하는 낱말인 〈ich〉, 〈trinke〉, 〈gern〉, 〈Milch〉가 문장을 구성하는 구성성분[Satzkonstituenten]인 것을 확인할 수 있게 한다. 또한 〈ich〉, 〈trinke〉, 〈gern〉, 〈Milch〉가 낱말과 문장구성성분의 동일체라는 것도 확인할 수 있게 한다. 즉 낱말품사 〈ich: Pron〉, 〈trinke: V〉, 〈gern: Adv.〉, 〈Milch: N〉가 바로 (대)명사구〈ich: NP〉, 〈Milch: NP〉 및 동사구〈trinke: VP〉로 그리고 부사구〈gern: AdvP〉로 전환되고 문장에서의 역할/기능을 부여받으면서 문장구성요소인 주어〈ich: Subjekt〉, 술어〈trinke: Prädikt〉, 목적어〈Milch: Objekt〉 그리고 부사규정어/상황어〈gern: Adverbial/Adverbiale Bestimmung〉가 된 것을 확인할 수 있다. 이를 도표화 하면 다음과 같다.

〈ich〉	Pronomen → Nominalphrase → Subjekt
〈trinke〉	Verb → Verbphrase → Prädikat
〈gern〉	Adverb → Adverbialphrase →Adverbial/Adverbiale Bestimmung
〈Milch〉	Nomen → Nominalphrase → Objekt

〈표 8〉

이런 관찰결과를 바탕으로 〈독일어 서술문장구성요소는 정동사를 기점으로 그들의 위치를 바꿀 수 있다〉는 - 비록 한정적이기는 하지만 영어의 그것에 비교하면 상당히 자유로운 - 독일어 문장규범의 근간을 형성한다. 이런 독일어 문장구성요소의 이동가능법칙은 주격(1격), 소유격(2격), 여격(3격) 그리고 목적격(4격)으로 표현되는 격[der Kasus]의 사용 특히 문장구성요소의 위치에 관련 없이 격이 유지되는 독일어의 특성과도 관련이 있다.

그렇다면 〈Die Studenten aus Korea trinken gern Milch. 한국에서 온 학생들은 우유를 즐겨 마신다.〉에서와 같이 여러 낱말로 확장 구성되어 있는 〈Die Studenten aus Korea〉는 낱말뭉치(명사구)로 문장을 확장-구성하는 문장구성요소로 이해될 수 있다. 물론 〈Ich trinke gern Milch.〉에서의 〈ich〉와는 다르게 여러 개의 낱말이 조합된 전혀 다른 형태를 보이지만, 이들이 문장구성요소임을 확인하기 위해서는 낱말뭉치인 〈Die Studenten aus Korea 한국에서 온 학생들은〉을 같은 의미를 가진 낱말인 〈Sie 그들〉로 대신하면 낱말의 범주영역 일치가 확실해진다.

①	②	③	④
[Die Studenten aus Korea]	[trinken]	[gern]	[Milch].
[Sie]	[trinken]	[Milch]	[gern].
[Gern]	[trinken]	[die Studenten aus Korea]	[Milch].
[Milch]	[trinken]	[sie]	[gern].
[Gern]	[trinken]	[sie]	[Milch].

〈표 9〉

이런 관찰을 통해 같은 의미를 가진 낱말인 〈Sie〉로 교환/교체[das Ersetzen] 될 수 있는 〈Die Studenten aus Korea〉는 교환/교체가 가능한 [['명사 (+ 전치사구)'] = ['대명사']] 낱말범주에 속한다(위 1.2장과 주석 2에서 제시되는 문헌을 참조). 이와 같이 교체 가능한 낱말(뭉치)간의 관계를 갈음관계[Paradigmatische Beziehung]라 하는데, 이 관계는 교환되는 낱말이 문장전체의 의미와 상충하지 않고 문장연결규범(문장문법)에 벗어나지 않는 경우에 성립한다. 이와 같은 방법으로 문장을 이루는 낱말 또는 문장구성성분을 다른 단위로 교환/교체하는 실험을 **교체실험**[Ersetzungstest/Substitutionstest/-probe]이라 한다. 낱말뭉치가 교체실험을 통해 다른 표현으로 변형되고 또 변형된 언어적 표현이 문법적으로 허용되면, 이 낱말뭉치가 문장을 구성하는 구성성분[Satzkonstituenten]인 것을 확인할 수 있다. 여기에서는 〈Die Studenten aus Korea trinken gern Milch.〉와 변형된 〈Sie trinken gern Milch.〉가 모두 문법적이고 의미적으로 문장전체와 상충하지 않기 때문에 낱말뭉치인 〈Die Studenten aus Korea〉는 낱말 〈sie〉와 동일한 문장구성성분이라는 것을 확인할 수 있게 한다.

이와는 다르게 만약 [명사]인 〈Die Studenten 학생들〉이 [명사 + [전치사구]] 형태인 〈Die Studenten [aus Korea]〉로 그리고 이 형태가 다시 [명사 + [전치사구] + und + [전치사구]]의 형태인 〈Die Studenten [aus Korea] und [aus Deutschland]〉의 병렬연계를 통해 문법에 적합하게 확대가 가능하다면 확대된 형태를 문장을 구성하는 구성요소로 이해할 수 있다. 반대로 예를 들어 〈Die Studenten〉은 〈Die Studenten [aus Korea]〉의 축약형으로 그리고 〈Die Studenten aus Korea und aus Deutschland trinken gern Milch.〉에서의 〈Die Studenten [aus Korea] und [aus Deutschland]〉는 〈Die Studenten [aus Korea] und die Studenten [aus Deutschland]〉의 축약형으로 이해할 수가 있기 때문에 문장구성요소로 인정된다. 이와 같이 문장의 구성성분으로 인정된 낱말뭉치에 다른 낱말뭉치가 병렬적으로 연결되고, 이 연계가 문법적일 때 관련된 모든 낱말뭉치가 문장구성요소가 된다. 이런 현상을 확인하는 실험을 **병렬연결실험**Koordinationstest이라 한다. 이 실험을 반대로 적용하면서 대명사Pronomen를 이용한 축약실험을, 즉 위에서 〈Die Studenten aus Korea 한국에서 온 학생들은〉을 같은 의미를 가진 낱말인 〈Sie 그들〉로 대신하는 것과 같은 실험을 **대명사화 실험**Pronominalisierungstest이라는 용어로 사용하기도 한다. 위에서 갈음/교체관계를 이용하는 교체실험에서도 이런 대명사화 실험을 병행하기도 한다.

요약하면, 문장은 독일어 언어-사회규범에 의해 의사소통을 위한 표현단위형태로 그리고 문장구성성분Satzkonstituenten은 문장의 영역을 채우는 요소로 이해된다. 따라서 문장구성요소는 문장규범 또는 문장문법이 허용하는 범위에서 다른 문장요소로 대치될 수 있고, 그들의 위치를 교환할 수도 있다. 문장의 구성성분으로 인정된 낱말뭉치에 다른 낱말뭉치가 병렬로 연결되고, 이 연계가 문법적일 때 관련된 낱말뭉치는 문장구성요소가 된다. 특히 문장구성성분의 위치를 이동하거나 교체되는 경우에는 문장구성성분전체가 한 뭉치로 이동단위 또는 교체단위가 된다. 이런 이해는 문장구성요소를 파악하는 첫걸음으로 이해된다.

이제 다시 정동사로 시작한 문장술어로 되돌아가보자. 문장은 정동사의 위치를 기준으로 분류할 수 있다고 했다(위 〈표 6〉 비교). 우리의 예문을 통해 분류한 내용을 관찰하다 보면, "① 독일어 '명령문'과 '결정의문문'에는 정동사가 문장의 첫 번째 위치에 나온다. ② 독일어 '서술문'과 '보충의문문'에는 문장의 두 번째 위치에 정동사가 온다. ③ 독일어 '조건/관계부문장'에서 정동사는 항상 문장의 끝에 온다."와 같은 아주 일반적인 규칙들을 생산해 낼 수 있다.[9] 이런 관점에서 우리는 다음과 같은 질문을 제시할 수 있다: 문장술어인 정동사가 확대된다면 어떤 현상이 일어날까? 그리고 그 형태는 어떻게 변화될까?

이를 위해 현재형인 우리의 예문 〈Ich trinke gern Milch.〉를 현재완료와 수동형으로 확대 변형해보고, 이미 제시된 언어형태에 적용시켜보자. 우선 독일어에서 정해진 조건에 의해 변화된 술어동사를 정동사[Finitum]라 한다(위 주석 4와 5를 참조). 이 변화조건에는 주어의 '인칭

9 물론 이런 규칙들은 다른 문헌에서 이미 설명하고 있다. 그럼에도 불구하고 이들이 갖는 의미는 우리에게 아주 색다르다고 할 수 있다. 그 이유는 우리가 우리의 예문관찰을 통해 스스로 생산한 규칙이기 때문이다. 이런 자신의 관찰과 유추과정을 통한 규칙의 자가생산성은 관찰결과를 다른 언어학자들이 제시한 의견과 비교하고 이에 대해 긍정하거나 또는 자신의 의문점을 제시하는 기반이 된다. 즉, 자기주도 언어관찰과 자신이 제한한 의문에 대한 해결방안을 본인이 직접 제안하는 과정을 통해 학문적인 담론을 위한 기초형성은 물론 새로운 언어규칙들을 발견할 수 있는 학문적 기반을 형성할 수 있다.

Person'과 '수Numerus'에 따른 변화, '시간Tempus', '화법Modus', '태Genus Verbi' 및 경우에 따라서는 '관점Aspekt' 등에 의해 변화하는 조건이 포함된다. 이런 술어변화는 완료형의 경우에는 인칭/수/시간을 표시하고 새롭게 정동사역할을 하는 조동사 〈haben〉 또는 〈sein〉과 원래 정동사였던 동사의 완료형태Partizip Perfekt(Partizip II), 다른 표현으로는 'Infinitum'으로 표기되는 비정동사가 함께 술어를 이루면서 특징지어진다.[10] 이런 완료형 복합 술어는 다음과 같이 일반화된다.

완료형 술어: haben/sein + (···) + Partizip Perfekt(/Partizip II)

이에 따라 〈Ich trinke gern Milch.〉가 완료형인 〈Ich habe gern Milch getrunken.〉으로 변형된다. 여기에서는 원래 정동사였던 〈trinke〉가 비정동사인 〈getrunken〉이 되어 문장의 끝으로 이동하고, 그 자리에 완료형 형성을 위해 필요한 조동사 〈haben/sein〉중에서 〈haben〉이 정동사 역할을 수행하면서[11] 〈habe〉로 변형되어 현재완료형 문장을 형성한다. 결과적으로 〈haben〉이 어떤 '인칭/수/시간'을 표시하는지에 따라, 과거를 표시하면 인칭/수/'과거완료', 현재를 표시하면 인칭/수/'현재완료' 그리고 미래를 표시하면 인칭/수/'미래완료'를 표시하는 문장으로 명명되어진다. 따라서 〈*Ich* **<u>habe</u>** gern Milch **getrunken.**〉은 **<u>일인칭/단수</u>/<u>현재</u>완료**를 표시하는 문장이라고 할 수 있다. 지금까지의 내용을 술어의 종류(아래 2.3.2 술어 참조)와 정동

10 독일어 문장을 대하면서 간과하는 것 중의 하나가 바로 문장 안에서 기능에 따라 변화되고 또한 중첩기능을 갖는 동사의 특성이다. 이런 기능변이/이동성에 따라 동사는 여러 명칭을 갖게 된다. 독일어 모든 동사는 정동사가 될 수 있다.

11 정동사가 '행위타동사', '화법조동사', '재귀동사', '비인칭동사' 및 〈haben〉 동사일 때 〈haben〉을 조동사로 취하여 완료형을 구성한다. 동사의 기능에 따른 구분과 이에 관한 술어형태는 주석 5와 그곳에서 소개된 참고문헌을 참조하시오.

사의 위치, 즉 문장영역을 술어중심으로 기술하면 다음과 같이 정리된다.

● 단순술어^einteiliges Prädikat^일 때 정동사는 문장의 두 번째 위치에 온다. ● 복합술어^mehrteiliges Prädikat^일 때 정동사는 문장의 두 번째 위치에 비정동사는 문장의 끝에 온다.

이와 같이 정리된 술어구성을 중심으로 문장영역을 표시하는 경우에는, 분리된 복합 술어의 구성성분인 정동사가 왼쪽 그리고 비정동사가 오른쪽 괄호를 형성하는 괄호구조^Klammerstruktur^를 이룬다.[12] 이런 구조를 '괄호가 문장괄호 또는 문장의 틀을 형성한다.'해서 문장괄호^Satzklammer^ 또는 문장틀^Satzrahmen^이라고 표시한다. 이런 문장의 괄호구조는 완료형^Perfekt^과 수동형^Passiv^ 그리고 화법조동사^Modalverb^와 함께 형성되는 복합/다항술어에서 나타난다. 〈Ich trinke gern Milch.〉를 예로

---

12 괄호구조는 문장괄호^Satzklammer^ 또는 동사괄호^Verbklammer^ 등의 여러 용어를 통해 알려져 있다. 이 괄호구조는 형태구조관점으로는 다음과 같이 구분할 수도 있다. 이와 관련된 복합/다항술어에 대해서는 아래 단원 2.3.2.2를 참조하고 제시된 문헌을 참고.

1. 조동사 + 원형동사^Modalverb + Infinitiv^ 〈Wir **wollen** morgen ins Kino **gehen**〉 우리 내일 영화가려 한다.
2. 동사 + 과거분사^Verb + Partizip II^ 〈Sie **haben** eine Radtuor durch die Stadt Hannover **gemacht.**〉 그들은 하노버시를 가로지르는 자전거여행을 했다.
3. 동사 + 분리전철/명사^Verb + Verbzusatz/substantivische Elemente^ 〈Der Reisebüsse **halten** vor der berümten Bäckerei **an.**〉 관광버스가 유명한 빵집 앞에 정차한다. 〈Sie **fahren** drei Wochen **Ski.**〉 그들은 3주간 스키를 타러 간다.
4. 종속접속사 + 동사(뭉치/구)^Konjunktionen im Nebensatz + Verb^ 〈…, **nachdem** der Bauer im Lotto **gewonnen hat**〉 그 농부가 로또당첨이 된 뒤에, … 〈…, **weil** er krank geworden **ist**〉 그가 병이 들었기 때문에,…

들어 위의 기술을 구체화 또는 시각화하면 다음과 같다.

괄호구조

완료형: Ich **habe** gern Milch **getrunken**.
(정동사) (비정동사)

수동형: Milch **wird** **getrunken**.

화법조동사: Ich **möchte** gern Milch **trinken**.

문장에서 정동사^Finitum^는 언제나 단일형태로 나타나지만, 비정동사^Infinitum^는 〈**geräumt werden**〉과 같이 동사가 변화된 2개 이상의 낱말 뭉치로 나타날 수도 있다. 이런 현상은 예를 들어 행위/과정을 표시하는 수동형 문장의 비정동사 또는 화법조동사를 포함하는 복합/다항술어에서 나타난다. 이들을 정리하면 다음과 같다.

중간영역

완료형: Wir **haben** die ganze untere Etage leer **geräumt**.

수동형: Die ganze untere Etage **wird** leer **geräumt**.

화법조동사: Die ganze untere Etage **muss** leer **geräumt werden**.

이렇게 괄호구조^Klammerstruktur^로 표시되는 영역의 가운데부분을 중간영역^Mittelfeld^이라 한다. 그리고 정동사의 오른쪽을 앞쪽영역^Vorfeld^으로, 비정동사의 왼쪽을 뒤쪽영역^Nachfeld^으로 표시한다. 이런 영역구분을 예문을 통해 도표화해서 정리하면 아래와 같다.

Vorfeld (VF: 앞쪽영역)	**Finitum** (FIN: 정동사)	Mittelfeld (MF: 중간영역)	**Verbklammer** (VK: 비정동사)	Nachfeld (NF: 뒤쪽영역)
Ich	habe	gern Milch	getrunken.	
Milch	wird		getrunken.	
Ich	möchte	gern Milch	getrunken.	
Wir	haben	die … Etage leer	geräumt.	
Die … Etage	wird	leer	geräumt.	
Die … Etage	muss	leer	geräumt werden.	

〈표 10〉

〈표 10〉을 살펴보면 우선 괄호구조를 보이는 문장구조에서 정동사 역할을 하는 동사들은 동사기능구분에 의하면 조동사와 화법조동사임을 확인할 수 있다.[13] 이는 (화법)조동사 이후, 즉 문장의 중간영역과 그 이후 영역에 포함된 정보가 문장의 핵심적인 구성성분으로 분류될 수 있음을 의미한다. 특히, 이 〈표 10〉을 해석하는 과정에서 중간영역에는 정동사와 비정동사로 형성되는 문장술어가 표시하려는 또는 문장술어가 포함하는 새로운 정보가 나타난다는 독일어 문장의미 분포를 다시 확인할 수가 있다.[14] 또한 〈표 10〉을 해석하는 과

13 동사기능과 이에 따른 동사구분에 대한 내용은 위 주석 5 그리고 동사가 술어가 되기 위한 조건과 변화된 형태 및 이 형태들이 내포하는 통사적인 의미에 대해서는 주석 6과 그곳에 제시된 문헌을 참조하시오.

14 의사소통을 위한 표현단위 –우리의 경우에는 (문장)-에 나타나는 새로운 정보를 레마[Rhema]라 한다. 따라서 〈표 10〉에서 나타나는 문장영역에 따른 레마영역은 [[MF] + [VK] + ([NF])]로 형성될 수 있다. 새로운 정보가 집중되는 레마영역의 특성상 발화억양이 강조될 수 있기 때문에 화용관점에서도 중요한 문장부분에 속한다. 반면, 정동사 FIN의 왼쪽에 해당하는 앞쪽영역은 일반적인 의사소통상황에서 새로운 정보보다는 상황을 통해 이미 알려졌거나 알고 있다고 가정되는 내용이 포함되는 테마[Thema] 영역이 위치한다. 그러나 복합/다항술어가 아닌 단순/단항술어인 경우에는 이와는 다르게 단순/단항술어에서 정동사는 아래와 같이 테마영역이 아닌 레마영역에 포함되어 술어뭉치를 형성한다.

정에서 문장영역의 일부는 문장구성요소로 채워질 수도 있고 그렇지 않을 수도 있다는 사실을 확인할 수 있다.

정동사 위치와 관련된 문장영역의 점유여부는 문장의 화용/의사소통기능관점과도 밀접한 관련을 보인다(위 2.1.1의 주석 4 참조). 예를 들어, 〈Wer **hat** die ganze untere Etage leer (auf)geräumt?〉라는 '보충의문문장[Ergänzungsfragesatz]'으로 표시된 질문에 대해 〈***Wir*** **haben** sie leer (auf)geräumgt.〉라는 '서술문장[Aussagesatz]'로 답하거나 레마의 일부와 테마의 상호교환(도치[Inversion])을 이용한 강조적인 서술문장 〈Sie **haben** ***wir*** leer (auf)geräumgt.〉로 대답하는 경우를 통해 문장의 화용/의사소통기능관점으로 분류되는 '보충의문문장'과 '서술문장'에서는 조동사정동사인 〈**haben**〉이 언제나 문장의 두 번째 위치에 나타나는 '정동사 제2위치문장'이 되는 것을 확인할 수 있다. 또한, 〈***Was*** **trinkst** du gern?〉이라는 '보충의문문'에 대한 답으로 〈Ich **trinke** gern ***Milch***.〉 또는 〈***Milch*** **trinke** ich gern.〉을 발화하는 경우에도 '정동사 두 번째 위치문장들[V2-Sätze]'이 나타난다. 이와 같이 '정동사가 두 번째 영역에 나타나고 앞쪽영역이 점유된 문장의 종류는 일반적인 진술/사실을 기술하는 평서문과 이런 평서문이 필요한 정보로 요구

VF	FIN	MF	VK
Ich	habe	gern Milch	getrunken.
Wir	haben	die ganze untere Etage leer	geräumt
Thema		←Rhema→	

VF	FIN	MF	VK
Ich	trinke	gern MIlch.	
Wir	räumen	die ganze untere Etage leer	
Thema	←Rhema→		

되는 질문을 표시하는 보충의문문들이 주를 이룬다.'는 사실 확인은 다시금 문장영역의 점유여부는 문장의 종류를 구분하는 정동사의 위치와 밀접하게 관련되어 있다는 것을 이해하게 한다.

반면, 예를 들어 〈**Fähst** du nach Berlin **mit**? 베를린에 함께 갈거니?〉과 같이 결정을 유도하는 질문을 표시하는 '결정의문문[Entscheidungssatz]', 또는 〈**Hören** Sie endlich **auf**! 이젠 정말 그만 두세요!〉와 같은 '명령/요구문장[Aufforderungssatz]', 〈**Ist** das ein tolles Auto! 정말 멋진 자동찬데!〉와 같은 '감탄표시 문장[Ausrufesatz]', 〈**Wäre** ich ein Millionär, dann würde ich…. 만약 내가 부자라면, …할 텐데〉와 〈**Könnte** ich gut singen, dann würde ich…. 내가 만약 노래를 잘 할 수 있다면, …할 텐데〉와 같은 '조건적 희망을 표시하는 문장[Konditional-/Bedingungssatz/Konditionale Wunschsatz]'에서도 '정동사 첫 번째 위치문장[V1-Sätze]'이 사용된다.

VF	FIN	MF	VK	NF	
	Fähst	du nach Berlin	mit?		결정의문문
	Komm !				명령문
	Hören	Sie endlich	auf!		명령/요구/요청
	Ist	das ein tolles Auto!			감탄문
(dann	Wäre würde	ich ein Millionär, ich …)			조건표시 부문장
(dann	Könnte würde	ich gut singen, ich…)			

〈표 11〉

우리가 〈표 10〉의 관찰을 통해 얻을 수 있었던 것처럼, 여기 〈표 11〉에서도 같은 과정을 통해 다음과 같은 사항을 확인할 수 있다: 문장의 앞쪽영역[FV]이 점유되지 않은 따라서 '정동사 첫 번째 위치문장'으로 규정되는 문장은 '긍정[Ja]과 부정[Nein]을 선택해야 하는 선택질문을 표시하는 결정의문문'에서 나타난다. 경우에 따라서 '정동사 첫 번째 위치문장'은 '명령/요청/요구Befehlen/Bitten/Fordern 등을 표시하는 문장과 감탄Exklamation을 표시하는 감탄문Ausrufesatz 그리고 비현실적인 조건표시 부문장irreal-konditionale Nebensatz' 등에서도 나타난다.

특히, '정동사 첫 번째 위치문장'으로 나타나는 '결정의문문'인 〈**Fähst** du nach Berlin **mit**?〉에 대한 답으로는 〈**Ja**, ich **fahre** gern nach Berlin mit.〉/〈**Ja**, ich **fahre** gern mit, nach Berlin.〉 또는 〈**Ja**, ich **fahre** mit, gern nach Berlin.〉과 같이 긍정적인 진술을 하는 '정동사 두 번째 위치문장'이 사용된다. 또한 〈**Fähst** du nach Berlin **mit**?〉에 대해 부정적인 진술을 하는 경우에도 역시, 〈**Nein**, ich **fahre** nicht nach Berlin mit.〉/〈Nein, ich **fahre** nach Berlin nicht mit.〉/〈Nein, ich **fahre** nicht gern mit, nach Berlin.〉과 같은 정동사 두 번째 위치문장이 사용된다.

여기에서 우리는 〈**Fähst** du nach Berlin **mit**?〉이라는 질문에 대한 대답의 형태를 잘 살펴볼 필요가 있다. 긍정으로 답을 하는 경우에는 〈**Ja**, ich **fahre** gern mit, nach Berlin.〉 또는 〈**Ja**, ich **fahre** mit, gern nach Berlin.〉과 같이 그리고 부정의 경우에는 〈Nein, ich **fahre** nicht mit, nach Berlin.〉과 같이 괄호구조 안의 중간영역에 위치한 문장구성성분이 괄호구조의 오른쪽, 즉 뒤쪽영역인 NF로 이동하는 현상을 관찰할 수 있다. 이 현상을 긍정/부정대답 그리고 문장영역에 따라 구분하고 정리하면 다음과 같다.

VF	FIN	MF	VK	NF
	Fähst	du nach Berlin	mit?	

VF	FIN	MF	VK	NF
(Ja,) ich	fahre	gern nach Berlin	mit.	
(Ja,) ich	fahre	gern	mit,	nach Berlin.
(Ja,) ich	fahre		mit,	gern nach Berlin.

VF	FIN	MF	VK	NF
(Nein,) ich	fahre	nicht nach Berlin	mit.	
(Nein,) ich	fahre	nach Berlin nicht	mit.	
(Nein,) ich	fahre	nicht gern	mit,	nach Berlin.

〈표 12〉

이 〈표 12〉의 대답 중에서 주어진 질문에 대한 결정이 〈Ja〉로 나타나는 도표의 첫 번째에 나타나는 답변인 〈**Ja**, ich fahre gern nach Berlin mit.〉과 주어진 질문에 대한 결정 〈Nein〉으로 나타나는 답변인 〈**Nein**, ich fahre ***nicht*** *nach Berlin* mit.〉/〈**Nein**, ich fahre *nach Berlin* ***nicht*** mit.〉에는 화자의 결정과 연관된 추가적 설명의 성격을 띤 정보인 〈**Ja**, … gern nach Berlin…〉 그리고 〈**Nein**, … *nicht nach Berlin*…〉/〈**Nein**, … *nach Berlin nicht*…〉 등이 중간영역에 위치한 것을 관찰할 수 있다. 이런 결과는 문장의 중간영역에 포함되는 내용이 문장 레마를 포함하는 문장구성과 이에 따른 억양을 갖는 독일어문장의 일반적 성향을 재확인해 준다.

하지만, 눈여겨 볼 점은 긍정적인 대답에서는 〈nach Berlin〉과 〈gern nach Berlin〉이 그리고 부정적인 대답에서는 〈nach Berlin〉이 중간영역에서 뒤쪽영역으로 이동한 것을 확인할 수 있다. 이런 이동현상을 '문장괄호/문장틀에서 벗어났다'는 의미에서 탈괄호구조 Ausklammerung라고 할 수 있다. 이런 구조는 – 레마영역에 속하는 중간영역의 구성요소가 테마영역으로 이동하는 것과 비슷하게 - 특별하게 강조하거나 화자의 관점에 의해 중요하다고 여겨지는 내용을 뒤쪽영역으로 옮겨 강조할 때 나타난다. 이는 중간영역에서 뒤쪽영역으로의 이동은 이동된 전달정보가 특별히 '강조'되는 효과적 기능을 갖는다. 또는 이동된 문장구성요소는 화자의 강조의도를 조성해야 하는 역할을 분할 받았다고도 이해될 수 있다. 이를 이해하기 위해 〈나 어제 영화관에서 애인과 같이 있는 그 사람을 보았어.〉라는 의미를 가진 예문을 통해 문장구성요소의 영역이동과 화자가 의도하는 강조효과간의 관계를 구성해 보자.

Ich habe ihn gestern mit seiner Freundin im Kino gesehen.

VF	FIN	MF	VK	NF
Ich	habe	ihn gestern mit seiner Freundin im Kino	gesehen.	

〈표 13〉

위 〈표 13〉을 살펴보면 앞쪽영역인 VF와 정동사영역인 FIN 그리고 동사괄호인 VK 모두는 함께 행위주체인 '누가' 〈ich〉와 그의 '행위' 〈sehen 보다〉를 기술하기 위한 틀과 관점인 〈habe…gesehen 보았다〉를 형성한다면 중간영역인 MF에는 '무엇을' 〈ihn 그를〉에 해당하는 내용과 '언제' 〈gestern 어제〉, '어떻게' 〈mit seiner Freundin 애인과 함께〉, '어디서' 〈im Kino 영화관에서〉에 해당하는 내용이 분포함을 알 수 있다. 이 중간영역에 나타나는 구성요소들 〈ihn〉, 〈gestern〉, 〈mit seiner Freundin〉, 〈im Kino〉를 뒤쪽영역인 NF로 이동시키고 도표화하면 다음과 같은 결과를 얻을 수 있다.

VF	FIN	MF	VK	NF
*Ich	habe	gestern mit seiner Freundin im Kino	gesehen.	**ihn**
Ich	habe	**ihn** mit seiner Freundin im Kino	gesehen,	**gestern**.
Ich	habe	**ihn** gestern im Kino	gesehen,	**mit seiner Freundin**.
Ich	habe	**ihn** gestern mit seiner Freundin	gesehen,	**im Kino**.

〈표 14〉

이를 살펴보면 중간영역에 나타나는 구성요소 중에서 '무엇을'에 해당하는 내용 〈ihn 그를〉이 뒤쪽영역으로 이동하는 것은 4격인 '목적격 대명사'의 이동을 의미한다. 이런 이동은 독일어 문장규범에서 벗어나는 것으로 이해된다. 그리고 〈ihn〉이 뒤쪽영역으로 이동한 문장인 〈*Ich habe gestern mit seiner Freundin im Kino gesehen, ihn.〉은 독일어 화용규범에서도 일반적인 아닌 것으로 이해된다. 특히, 이 문장에서는 대명사인 〈ihn〉이 사용된 발화환경으로 미루어볼 때 이미 고유명사가 대명사로 대치되었음을 전제할 수 있다. 따라서 이 문장에서 〈ihn〉의 의미에 해당할 수 있는 인명〈Paul〉을 넣어 문장을 〈*Ich habe gestern mit seiner Freundin im Kino gesehen, Paul.〉과 같이 완성한다고 해도 이 문장은 글말은 물론 입말영역에서도 독일어화용범주를 벗어나는 형태를 보인다. 이외의 다른 문장들 〈Ich habe ihn mit seiner Freundin im Kino gesehen, gestern.〉이나 〈Ich habe ihn gestern im Kino gesehen, mit seiner Freundin.〉 그리고 〈Ich habe ihn gestern mit seiner Freundin gesehen, im Kino.〉 등도 글말에서 나타나는 문장형태라기 보다는 입말에서만 인정될 수 있는 문장화용을 보인다. 이들은 - 만약 이런 문장구성이 글말에서 사용되었다면 - 입말상황에서의 발화환경을 옮기는 역할로 발화자의 언어구사력을 독자가 판단할 수 있도록 하는 간접적인 근거를 제공하는데 사용될 정도의 문장으로 이해할 수 있다. 즉, 어색하기는 하지만 독일어화용범주에서 완전히 벗어나 '틀렸다'고는 할 수 없는 형태를 보인다.[15]

이 문장들의 화용이 글말 보다는 입말에 제한된다는 화용정보를 염두에 두고 이들을 관찰해보면, 문장구성요소의 뒤쪽영역으로 이동하는 낱말/낱말뭉치는 '4격/목적격 대명사'보다는 주로 시간을 표시하는 〈gestern〉, 양태/방법을 표시하는 〈mit seiner Freundin〉 그리고 장소를 표시하는 〈im Kino〉와 같이 부사적인 의미와 기능을 가진 부사규정어[Adveribiale Bestimmung/Umstandbestimmung/Adverbial]들로 구성되고 있음을 알 수 있다. 뒤쪽영역인 NF로 이동이 가능한 것을 통해 이 문장들이 제공하는 또 다른 중요한 정보는 이런 '이동실험'을 통해 적어도 뒤쪽영역으로 이동할 수 있는 〈gestern〉, 〈mit seiner Freundin〉, 〈im Kino〉 등이 – 아직 그 기능은 잘 모르지만 - 문장구성성분임을 확인할 수 있다.

또한 '대명사화 실험'과 반대방향으로 실행되는 대명사 〈ihn〉을 일반명사인 예를 들어 〈den Schauspieler 영화배우〉로 대치하는 '교체실험' 〈Ich habe gestern **den Schauspieler 영화배우 (= ihn)** mit seiner Freundin im Kino gesehen 나 어제 영화관에서 애인과 같이 있는 그 영화배우를 (= 그를) 보았어.〉를 통해서 대명사 〈ihn〉도 문장

15 입말에서 문장은 언어소리 그 자체와 그 소리들의 상호관계[Stimmführung]에 근거한 장-단 및 고-저, 즉 억양과 휴지[Intonation und Pausen] 등의 조합에 의거해서 자립된 외적 완결형태로 나타난다. 따라서 시작을 알리는 대문자 표기와 끝을 표시하는 문장부호[Satzzeichen]를 통해 자립적이고 완결된 형태의 언어단위로 표시되는 글말의 문장과는 다른 형태를 보일 수 있다. 글말의 경우에 특정한 문장부호는 입말에서의 소리의 상호관계[Relation]를 반영하는 표시로도 이해할 수 있고, 문장의 종류[Satzart]를 판단하는 기준으로도 작용한다.

구성요소임을 확인할 수 있다. 여기에 더해 다음과 같이 앞쪽영역인 VF로의 또 다른 '이동실험' 〈**Ihn** habe ich gestern mit seiner Freundin im Kino gesehen.〉을 통해 〈ihn〉이 문장구성요소임을 확인할 수 있다. 결과적으로 '대명사실험'과 '교체실험' 그리고 '이동실험'을 통해 이들이 문장구성요소임을 확인할 수 있었다.

이런 문장조작실험과 그 과정을 통해 우리가 얻을 수 있는 것은 일반적인 문장구조에서 벗어난 문장, 즉 중간영역의 문장구성요소가 뒤쪽영역으로 이동하는 문장은 평상적인 문장 억양에서 벗어나 화자관점을 급격하게 강조하는 급진적 운율성향을 띄고 주로 입말형태로 이해된다.[16] 그렇다면 이동이 가능한 중간영역의 문장구성요소들이 정동사의 앞쪽영역으로 이동한다면 어떤 결과가 나올까? 다음의 문장을 관찰해보자.

> **Ihn** habe ich gestern mit seiner Freundin im Kino gesehen.
> **Mit seiner Freundin** habe ich ihn gestern im Kino gesehen.
> **Gestern** habe ich ihn mit seiner Freundin im Kino gesehen.
> **Im Kino** habe ich ihn gestern mit seiner Freundin gesehen.

이들 문장들은 입말은 물론 글말에서도 언어규범에 벗어나지 않는 것으로 이해될 수 있다. 이들의 변화를 영역화하여 표시하면 다음과 같다.

16 이때 뒤쪽영역으로 위치변환 된 문장구성요소는 발화환경에 따라 직접적인 의미[Denotative Bedeutung]를 나타내거나 경우에 따라서는 간접적인 의미[Konotative Bedeutung]를 포함한다.

VF	FIN	MF	VK	NF
Ihn	habe	ich gestern mit seiner Freundin im Kino	gesehen.	
Gestern	habe	ich ihn mit seiner Freundin im Kino	gesehen.	
Mit seiner Freundin	habe	ich ihn gestern im Kino	gesehen.	
Im Kino	habe	ich ihn gestern mit seiner Freundin	gesehen.	

〈표 15〉

이런 현상을 도치현상[Inversion]으로 파악할 수 있다. 우리의 관찰을 통해서 이런 정동사 앞쪽영역 이동방법은 정동사 뒤쪽영역 이동현상보다는 더 일반적인 현상으로 중간영역에 있는 문장구성요소들이 화자의 관점에서 강조되어야 하는 경우에 앞쪽영역의 문장성분과 위치를 교환하여 문장의 첫 번째 위치에 나타나는 현상으로 이해된다. 이때 도치된 구성요소는 화자중심의 강세를 유지한다. 다음의 〈우리 아버지가 어제 우리를 낚시에 데려가주셨다.〉라는 뜻을 가진 문장의 일반적인 문장배열과 문자의 도치배열[Inversionssatzstellung]을 비교-관찰해보자.

Mein Vater hat uns gestern zum **Ángeln** mitgenommen.
GÉstern hat mein Vater uns zum Angeln mitgenommen.
Zum **Ángeln** hat mein Vater uns gestern mitgenommen.
Úns hat Mein Vater gestern zum Angeln mitgenommen.

이렇게 앞쪽영역에 나타날 수 있는 문장구성요소를 포함하는 다양한 문장배열의 가능성은 앞에서 다룬 예문 〈Ich trinke gern Milch.〉를 통해 독일어 언어규범에서 허용하는 낱말 배열은 한 가지 방법인 〈Ich trinke gern Milch.〉으로만 고정되어 있는 것이 아니라, 〈Ich trinke Milch gern.〉, 〈Milch trinke ich gern.〉, 〈Gern trinke ich Milch.〉와 같은 배열방법도 독일어 언어규범에서 허용된다는 사실로도 확인한 독일어의 일반적인 강조현상과 맥락을 같이 한다. 여기 우리의 예문 〈Mein Vater hat uns gestern zum Angeln mitgenommen.〉에서 그리고 다른 문장 〈Ich habe ihn gestern mit seiner Freundin im Kino gesehen.〉에서 공통적으로 관찰할 수 있는 또 다른 점은 인칭대명사의 위치적 특징이다. 위 두 문장에서 〈uns〉와 〈ihn〉은 4격/목적격을 표시하고 정동사 뒤쪽영역에는 나타나지 않는다. 그리고 강조를 위해 스스로 도치하는 경우, 즉 스스로 정동사 앞쪽영역으로 나오는 경우를 제외하고는 언제나 정동사와 가장 가까운 뒤쪽에 위치한다. 이런 이유는 무엇일까? 아래 단원에서 이런 이유에 대해 알아보도록 한다.

2.2 문장영역과 구성요소

우리의 예문 〈Ich trinke gern Milch.〉를 종속접속사인 〈ob: ~인지〉, 〈wenn: ~라면〉, 〈weil: ~때문에〉, 그리고 〈dass: ~라는 사실…〉로 이끌어지는 부분장[Nebensatz]을 의미상 연계되는 주문장에 첨가하여 만들어 보면 다음과 같은 '정동사 문미위치문장[Verbletztsatz/VL-Satz/Spansatz]'이 완성된다.

ob ich gern Milch trinke,
내가 우유를 잘 마실 수 있는지…

wenn ich gern Milch trinke.
내가 우유를 잘 마실 수 있다면…

weil ich gern Milch trinke,
내가 우유를 잘 마시니까…

dass ich gern Milch trinke…
내가 우유를 잘 마신다는 사실…

정동사가 문장의 마지막 부분에 위치하는 '정동사 후치문장'의 영역을 다음 〈표 16〉과 같이 구분해보면 정동사 앞쪽의 앞쪽영역인 VL 영역과 정동사위치인 FIN영역이 나타나지 않는다.

COMP	MF	VK	NF
ob	ich gern Milch	trinke	
wenn	ich gern Milch	trinke	
weil	ich gern Milch	trinke	
dass	ich gern Milch	trinke	

〈표 16〉

대신 여기에 접속사영역인 COMP 영역이 나타난다. 위 주석 12에서도 제시한 것과 같이 괄호구조[Klammerstruktur]는 일반적으로 동사에 의해 형성되는 정동사[Finitum]와 비정동사[Infinitum]로 형성된다. 하지만, '정동사 문미위치문장'인 VL문장에서는 정동사와 비정동사가 문장괄호[Satzklammer], 즉 괄호구조를 이루는 것이 아니라, 종속접속사[Konjunktion]가 위치하는 COMP영역이 왼쪽 괄호를 그리고 복합/다항술어를 포함하는 문장의 끝에 위치하는 비정동사와 종속접속사에 의해 문미로 이동하는 정동사를 포함하는 동사구[Verbphrase]가 오른쪽 괄호를 형성하는 괄호구조를 만들기 때문으로 이런 영역설정을 이해할 수 있다.[17]

'왜 접속사영역인 COPM영역이 왼쪽괄호로 설정될까?'라는 의문은 〈내가 너를 사랑했었다는 사실이/을〉이라는 의미와 괄호구조를 포함하는 정동사를 포함하는 독일어 종속문장의 예시에서 관찰 할 수 있는 것처럼 부문장을 이끄는 접속사와 정동사는 동시에 왼쪽괄호를 형성하는 위치에 올 수 없기 때문이다.

dass ich dich sehr geliebt hat.
⇒ *dass hat ich dich sehr geliebt.
⇒ *hat dass ich dich sehr geliebt.

종속부문장으로도 정의될 수 있는 여기에서 예로 제시된 정동사 문미위치문장의 영역구분과 괄호구조를 도표화하면 다음과 같다.

17 Duden (2009) Band 4, Die Grammatik. 864 이하 쪽 참고.

COMP	MF	VK	NF
ob	ich gern Milch	trinke,	
괄호구조			
wenn	ich gern Milch	trinke,	
weil	ich gern Milch	trinke,	

〈표 17〉

그렇다면 어떤 낱말들이 이 COMP영역에 해당하는 걸까? 이 영역에는 위의 〈표 17〉에 나타난 종속접속사이외에도 〈obwohl〉, 〈nachdem〉과 같은 종속접속사 〈den 그것들/을〉, 〈deren Hund 그들/녀의 개를〉와 같은 관계문장을 포함하는 관계표현들 〈wen 누구를〉, 〈mit welchen Büchern 어떤 책들을 가지고〉 등과 같은 w-의문부사가 포함된 관계표현들이 나타난다. 이런 낱말을 포함하는 표현들로 구성되는 문장구성성분이 어느 영역에 귀속되는지 살펴보기 위해 이들을 포함하는 VL문장을 구성하고 이들이 나타나는 영역을 구체화하면 다음과 같다.

괄호구조			
COMP	MF	VK	NF
… ob	es wohl	schneien *wird*,	am Wochenende?
주말에 정말 눈이 올지 어쩔지 … ?			
… wenn	das mal gut	*geht*,	mit den beiden!
그 둘이 한번이라도 잘 지낸다면 … !			
… dass	er sie	gesehen *hat*.	
그가 그녀를 보았다는 사실 …			
… nachdem	ich gern Milch	getrunken *hat*.	

내가 우유를 잘 마시고 난 후에 …			
… wen	du heute	getroffen *hast.*	
네가 오늘 만난 사람을 …			
… deren Hund	ich nicht	leiden *kann.*	
내가 싫어하는 그 여자의 개를 …			
… mit welchen Büchern	ich heute	vorbeiten *soll,*	für die Prüfung.
내가 오늘 어떤 책(들)을 가지고 시험을 준비해야 하는 걸까 …			

〈표 18〉

위의 예와 같이 종속접속사와 동사구가 문장괄호를 형성하는 정동사후치문장은 부문장을 형성한다. 이 때문에 이들 부문장의 대부분은 전체문장의 중요부분에 해당되는 주문장을 갖는다. 주문장과 부문장이 결합하는 경우의 문장은 두 개 이상의 술어를 갖는 복합문장 der zusammengesetzte Satz으로 분류된다.[18] 이런 부문장을 위 〈표 18〉에서처럼 단독으로 분리해서 단순문장으로 파악하고 이들 구성성분의 위치를 규명해야 하는지, 아니면 부문장은 주문장을 따른다는 독일어 일반문법을 적용해서 복합문장의 일부로 인정하고 뒤쪽영역에 위치하는 것으로 파악해야 하는지에 대한 의문이 제기된다. 우선 다음 문장을 보자.

(두 사람에 대한 대화 도중에)

Wenn das mal gut geht, mit den beiden!

물론, 어떤 관점에서 어느 문장구성요소를 강조하는가에 따라 문

18 문장을 분류하기 위한 관점과 이에 따른 분장분류에 대해서는 2.1.1의 주석 4와 그곳에서 인용한 문헌을 참조하시오.

장의 종류구분이 다를 수 있겠지만, 위 〈표 18〉에 나타난 이 문장을 위 2.1.1의 주석 4에 제시된 문장구분에 의하면 이 문장은 '정동사 문미위치문장'이고 '희망문장', '단순문장', '부문장' 그리고 '종속문장'이라 구분할 수 있다. 또한 어떤 주제로 대화가 이루어 졌는가에 따라 그 의미가 〈둘 사이가 한번이라도 좋아졌으면…〉 또는 〈둘이 함께 처한 처지가 한번이라도 낳아졌으면…〉 또는 〈둘이 잘 지냈으면 …〉 등과 같은 여러 화용의미가 생산 또는 부가될 수 있는 희망문장으로 구분할 수 있다. 이렇게 구분된 이 문장 〈Wenn das mal gut geht, mit den beiden!〉은 아래 문장에서는 어느 문장영역에 위치한다고 판단할 수 있을까?

(두 사람에 대한 대화 도중에)
Ich werde sehr froh sein, wenn das mal gut geht, mit den beiden!

문장구성성분으로 판단되는 〈wenn das mal gut geht, mit den beiden!〉은 여기 전체문장을 구성하는 복합문장의 뒤쪽영역, 즉 문장의 괄호구조 밖의 NF영역에 위치한다고 판단할 수 있다.[19] 이 뒤쪽영역에는 부문장 이외에도 전치사구인 〈mit den beiden〉이 나타난다. 이런 현상은 – 큰 틀에서 보면 – 문장의 뒤쪽영역에는 문장의 중간영역에서와 같이 1개 이상의 문장구성요소가 나올 수 있음을 의미할 수도 있으나, 여기에서는 의미로 묶어진 하나의 문장구성요소로 이해해야 한다(위 〈표 12〉 참조).

---

19 복합문장에서 종속접속사와 동사구가 문장의 괄호구조를 형성하는 정동사후치문장의 영역에 관한 내용은 위 주 4의 ①~⑤에 따른 구분과 이에 따라 구분된 부문장은 〈표 18〉에 제시된 것과 같은 방법으로 단일술어를 포함문장을 중심으로 문장영역을 구분한다.

부문장은 주문장에 동반되어 복합문장을 형성하고, 이 부문장이 문장구성요소로 기능을 하면 문장의 앞쪽영역으로 도치되어 나설 수 있다. 이때 정동사는 전체문장인 복합문장의 두 번째 위치에 온다. 이는 '정동사는 문장의 두 번째 위치에 온다.'는 독일어 문장규범에 따라 아래와 같이 변화되어 사용될 수 있다.

Ich **werde** froh sein, wenn das mal gut geht, mit den beiden!
① ②

Wenn das mal gut geht, mit den beiden, **werde** ich froh sein!
① ②

Wenn das mal mit den beiden gut geht, **werde** ich froh sein!
① ②

문장의 정동사 위치에 따른 문장구분으로 얻어진 1. '정동사 문두 위치문장'과 2. '정동사 두 번째 위치문장' 그리고 3. '정동사 문미 위치문장'의 문장영역과 문장괄호 그리고 문장구성요소 간의 형태적 관련성은 다음과 같이 도표화될 수 있다.

1. 정동사 문두 위치문장

FIN	MF	VK	NF
Fähst	du nach Berlin	mit?	

2. 정동사 두 번째 위치문장

VF	FIN	MF	VK	NF
Ich	habe	ihn gestern mit seiner Freundin im Kino	gesehen.	

3. 정동사 문미 위치문장

COMP	MF	VK	NF
… ob	es wohl	schneien wird,	am Wochenende?

〈표 19〉

특히, 이런 문장영역과 문장구성요소들 간의 관계들, 예를 들어 어떤 문장영역에 어떤 문장구성요소들이 위치하고, 몇 개나 나타날 수 있는지는 아래 〈표 20〉와 같이 재정리할 수 있다.

문장구성요소	정동사/접속사	문장구성요소[0~N]	비정동사	문장구성요소[0~N]
앞쪽영역	[왼쪽문장괄호	중간영역	오른쪽문장괄호]	뒤쪽영역

〈표 20〉

위의 〈표 19〉와 〈표 20〉에서 우리는 다음과 같은 관찰결과를 얻을 수 있다.

1. 문장의 앞쪽영역-중간영역-뒤쪽영역으로의 3등분 구분은 '정동사 두 번째 위치문장'에서만 가능하다.
2. 앞쪽영역에는 문장구성성분이 나타나지 않거나, 나타날 경우 1개의 구성성분이 위치한다.
3. 정동사영역은 언제나 문장의 왼쪽괄호를 형성한다. 1개의 술어구성성분이 위치하고, 종속접속사/관계대명사로 대치될 수 있는데, 이 경우 앞쪽영역은 나타나지 않는다.
4. 중간영역은 나타나지 않거나, 1개 이상의 문장구성성분이 위치한다. 여기에 나타나는 문장구성성분은 앞쪽영역과 뒤쪽영역으로 이동할 수 있다. 중간영역에 위치한 문장구성성분이 앞쪽영역으로 이동할 경우, 앞쪽영역에 있던 문장성분은 정동사 바로 뒤로 이동한다. 하지만, 앞쪽영영에 있는 문장성분이 이미 중간영역에서 앞쪽영역으로 이동했던 문장성분인 경우에는 중간영역 위치순서에 따라 이동하거나 원래의 위치로 돌아온다. 이런 구성요소이동의 경우에는 입말과 글말의 언어화용규범에서 벗어나지

않는 경향을 보인다. 반면에, 문장구성성분이 뒤쪽영역으로 이동하는 경우에는 단지 부사적 기능을 포함하는 문장구성성분의 이동이 허락된다. 이런 이동가능성과 허용범위 또한 입말로 실현되는 경우로 제한된다. 특히 '4격 대명사'를 포함한 명사와 명사뭉치/구의 이동은 언어화용규범에서 벗어나기 때문에 그 이동이 제한된다.

5. 비정동사영역은 나타나지 않거나, 나타나는 경우 1개 이상의 술어구성성분이 위치할 수 있다. '정동사 두 번째 위치문장'에 나타나는 문장괄호구조의 오른쪽괄호를 형성한다. 특히, 접속사영역이 나오는 경우 정동사가 함께 위치한다.
6. 뒤쪽영역은 나타나지 않거나, 1개 이상의 구성성분이 위치할 수 있다. 이때 위치할 수 있는 문장구성성분은 제한되는 경향을 보인다.

2.2.1 앞쪽영역의 구성요소

원칙적으로 앞쪽영역에는 '주어'가 위치한다.[20] 하지만 위 〈표 7〉

---

20 낱말들은 쓰임에 따른 자질과 역할에 따라 명사(N), 동사(V), 형용사(A/Adj.), 부사(Ad./Adv.), 전치사(P/Präp.), 관사/한정사(Art./Det.), 접속사(Konj./Comp./C), 대명사(Pron.), 수사/양화사(Num./ Q), 감탄사(Int.)로 또는 동사(V), 명사(N), 형용사(A/Adj.), 동반사/대리사(Begleiter/Stellvertreter), 첨사(Partikel) 등으로 구분된다. 이와 같은 구분을 '10-품사-구분' 그리고 '5-품사-구분'(한스 글린츠, 1975^2: 235-237)이라 한다. 문장에서 낱말뭉치를 분류하여 나열하면 그들은 항상 핵심낱말을 포함한다. 이들 핵심낱말은 품사구분에 해당하는 특정한 낱말/품사에 속한다. 따라서 낱말뭉치는 해당 핵심낱말의 명칭에 따라 예를 들어 명사구(NPs), 동사구(VPs), 형용사구(APs) 그리고 전치사구(PPs)로 구분된다. 이들은 문장에서의 역할에 따라 주어(Subjekt), 술어(Prädikat), 목적어(Objekt), 부사규정어(Advebial) 등으로 구분되어진다. 낱말과 낱말뭉치/구 그리고 문장에서의 기

과 〈표 9〉에서와 같은 '이동실험'을 통해 그리고 〈표 14〉와 〈표 15〉의 정동사 앞쪽영역으로의 이동과 정동사 뒤쪽영역으로의 이동간의 비교에서 관찰한 것과 같이 모든 문장구성요소가 나올 수 있다. 예를 들어 〈Ich habe ihn gestern im Kino gesehen.〉에서는 일반적인 '테마-레마-구조'를 형성하고 있다(위 주석 14 참조). 따라서 '테마'가 앞쪽영역에 위치하고, 도치된 문형이 형성되면 '레마'의 일부 또는 전부가 정동사 앞쪽영역으로 이동한다. 이를 통해서 화자가 전하고자 하는 의사소통의 주요관점이 반영되는 '레마'가 정동사 앞쪽영역 점유를 통해 더 강조된다고 이해된다. 이런 강조현상은 의사소통상황에서 화자/필자의 판단에 따라서 이루어지고 이는 아래와 같이 보통의 '테마-레마-구조' 및 이에 따른 문장어순이 변화-강조된 구조로 표출된다.

Ich habe ihn gestern im Kino gesehen.
(Inversion/도치)
⇒ **Ihn** habe ich gestern im Kino gesehen.
⇒ **Gestern** habe ich ihn im Kino gesehen.
⇒ **Im Kino** habe ich ihn gestern gesehen.
⇒ **Gesehen** habe ich ihn gesteren im Kino.

위의 예문을 통해서 우리는 '테마영역'에 나타나는 모든 문장구성단위가 정동사 앞쪽영역에 위치할 수 있다는 사실을 확인할 수 있다

능과의 관계는 다음과 같이 개략화 할 수 있다. 구체적인 예시는 위 〈표 8〉 참조.

Nomen(Pronomen) → Nominalphrase → Subjekt
Verb → Verbphrase → Prädikat
Adverb → Adverbialphrase →Adverbial/Adverbiale Bestimmung
Nomen(Pronomen) → Nominalphrase → Objekt

(위 주석 14에 도표로 기술되어 있는 '테마-레마' 영역을 참조). 하지만, 아래 〈표 21〉에서 확인할 수 있는 것처럼 〈ja〉와 같이 화법첨사[Modalpartikel]로 분류될 수 있는 낱말은 정동사의 앞쪽영역에 위치할 수 없다.[21] 이에 속하는 낱말에는 〈ja〉 이외에도 〈doch〉, 〈denn〉, 〈aber〉, 〈nur〉 등과 같은 낱말이 있다. 그리고 〈sich schämen 부끄러워하다〉, 〈sich erholen 휴식하다〉과 같은 부류의 재귀동사의 재귀대명사

21 Modealpartikel[화법첨사]는 의미와 언어 화용론적인 관점에서 정의될 수 있는 불변화사로 화자가 전하려는 의사전달내용이 화자에게 오해되어 전달되지 않도록 고정해주는 역할을 하는 낱말로 이해한다. 예를 들어 〈Christa ist verheiratet.〉라는 문장으로 화자가 전달하려는 내용인 〈크리스타는 결혼했어/기혼이야/유부녀야.〉 등이 여러 발화환경에 의해 오해가 생길 수 있다고 판단되는 의사소통조건과 상황에서 〈ja〉를 첨가한 문장 〈Christa ist **ja** verheiratet.〉를 발화함으로서 생길가능성 있는 오해를 방지하는 역할을 하는 낱말이라고 이해할 수 있다. 이런 다양한 의사소통조건과 상황에 따라 변화되는 관찰조건 때문에 화법첨사에 대한 연구는 어려울 수밖에 없다. 이외에도 화법첨사로 분류될 수 있는 낱말들이 거의 언제나 다른 기능을 포함한다는 점도 화법첨사에 대한 연구를 어렵게 하는 요인으로 들 수 있다(품사기능에 따른 구분: '10-품사' 그리고 '5-품사'-구분에 따른 낱말의 기술과 그 어려움에 대해서는 위 주석 1 참조). 예를 들어, 여기에서도 화법첨사로 분류된 〈ja〉의 경우도 결정의문문에 대해 긍정대답을 하는 대답첨사[Antwortpartikel]로도 사용된다. 그 이외의 다른 화법첨사인 〈doch 당연히〉, 〈denn 도대체〉, 〈aber 부정 또는 긍정에 대한 강한 반대〉, 〈nur 단지〉 등도 〈doch〉→부사 규정어/부정 질문에 대한 강한 긍정, 〈denn〉→접속사/왜냐하면, 〈aber〉→접속사/그러나, 〈nur〉→정도를 표시하는 첨사/많음의 반대개념으로의 정도표시 등으로도 기능을 한다. 화법첨사는 문장구성요소로서의 기능을 하는 것이 아니라 다른 구성요소를 동반하는 요소로서 작용을 한다. 하지만/따라서 이 동반구성요소와의 이동 역시 이동을 통해 생겨나는 강조의 중복성향, 즉 화법첨사가 문장에서 가지는 음운론적인 이유 (중복운율) 때문에 중간영역에 머무는 것으로 이해된다. 화법첨사의 또 다른 의미는 이들이 문장의 테마와 레마의 경계를 구분하는 역할을 한다. 〈Das ist **vielleicht** eine Únverschämtheit! 그건 어쩌면 몰염치죠!〉 따라서 화법첨사 이후에 바로 새롭고 중요한 정보가 위치하고, 결과적으로 이 정보에 문장악센트가 온다.

〈sich〉는 아래의 도표 내용이 제시하는 것처럼 정동사의 앞쪽영역에 위치할 수 없다.[22]

VF	FIN	MF	VK
Ich	habe	ihn **ja** gestern im Kino	gesehen.
Ihn	habe	ich **ja** gestern im Kino	gesehen.
Gestern	habe	ich ihn **ja** im Kino	gesehen.
Im Kino	habe	ich ihn **ja** gestern	gesehen.
***Ja**	habe	ich ihn gestern im Kino	gesehen.
Er	hat	**sich** für sein Versagen	geschämt.
Für sein Versagen	hat	er **sich**	geschämt.
Geschämt	hat	er **sich** für sein Versagen.	
***Sich**	hat	er für sein Versagen	geschämt.

〈표 21〉

위의 논의와 〈표 21〉을 통해 우리는 오른쪽 문장괄호를 형성하는 비정동사(구)인 VK영역에 속하는 구성요소가 정동사 앞쪽영역으로 이동하여 특별한 강조형태를 이루는 것으로 미루어 화법첨사와 (진

22 독일어에는 여러 동사의 종류가 있는데, 그 중에서 행위자인 주어의 행위가 주어 자신에게 행해주는 동사를 재귀동사라 한다(위 주석 5와 주석 6 참조). 독일어에는 두 종류의 재귀동사가 있다: ① 언제나 재귀대명사 〈sich〉를 필요로 하는 〈sich schämen〉과 같은 재귀동사와 ② 〈Hemd waschen 셔츠를 빨다〉⇔〈sich waschen 자기를 닦다〉, 〈den Angeklagten verteidigen 피고인을 방어/변론하다〉⇔〈sich verteidigen 자기를 방어/변론하다〉과 같이 〈sich〉가 다른 낱말로 대치될 수 있는 재귀동사. ①의 경우를 진짜재귀동사라 하는데 이 재귀대명사 〈sich〉는 – 아래 2.2.1에서 문장구성요소 테스트를 통해 확인할 수 있듯 - 문장구성요소의 여건을 갖추지 못하기 때문에 정동사 앞쪽영역에 위치할 수 없기 때문에 중간영역에 위치한다.

짜)재귀동사의 재귀대명사 이외의 모든 구성요소들이 정동사앞쪽영역으로 이동할 수 있음과 한 개의 구성요소가 위치하는 것을 확인할 수 있다.[23] 따라서 정동사 앞쪽영역에 위치할 수 있는 구성요소는 문장구성요소[Satzglied]로 확인이 가능하다.[24]

2.2.2 중간영역의 구성요소

평서문 또는 서술문의 복합/다항동사로 이루어지는 문장괄호의 중간부분인 정동사 중간영역에는 새로운 정보가 가장 많이 포함되는 것으로 이해한다. 언어정보전달의 관점에서 보면 독일어 문장에서는 '의미상으로 동사와 가깝게 연계된 구성단위가 관련동사와 가장 가깝게 위치한다.' 또는 '의미상으로 비정동사와 가장 친밀한 구성단위가 정동사와 가장 멀리 위치한다.'(Duden 4, 2009[8]: 869)는 내용을 알고는 있지만, 이런 정보들이 어떤 연계 순서로 놓이는지 파악하거나 이런 연계를 문장의 중간영역에 나타나는 구성성분들에 의존해서 정의하는 것은 쉽지가 않다. 이런 술어와 중간영역구성성분간의 연관관계는 대체로 '이미 알려진 따라서 덜 중요한 정보는 중간영역의 왼쪽에 그리고 새롭고 중요한 정보는 중간영역의 끝에 온다.'는 것으

---

23 앞쪽영역에는 일반적으로 한 개의 구성요소가 나타나지만 경우에 따라서는 술어에 속하는 문장성분: [Sie] hat [noch nie] *[Alkohol] getrunken.* - **[[Alkohol] getrunken]** hat [Sie] [noch nie.], 동사의 분리전철에 귀속되는 구성성분: [Wasser] sickerte *[durch den Spalt] hindurch.* - **[[Durch den Spalt] hindurch]** sickerte [Wasser.] 그리고 경우에 따라서 술어형용사에 속하는 구성성분: *[Zufrieden]* waren [die Experten] *[mit den Ergebnissen]* [erst ganz am Schluss.] - **[[Mit den Ergebnissen] zufrieden]** waren [die Experten] [erst ganz am Schluss.] 등이 앞쪽영역에 함께 나타나기도 한다.

24 위 2.2.1장과 아래 2.3장 및 Duden 4 (2009[8]) 772쪽을 참조.

로 알려져 있다(Duden 4, 2009[8]: 867-876). 우선 다음의 예문을 통해 중간영역을 들어다 보자.

VF	FIN	MF	VK
Ich	habe	gestern meinem Sohn einen Anzug zum 20. Geburtstag	geschenkt.
VF[나는] MF[[어제] [내 아들에게] [양복을] [20번째 생일에]] FIN-VK[선물했다/완료관점]			

〈표 22〉

위에서 언급된 것처럼 '이미 알려진 따라서 덜 중요한 정보는 중간영역의 왼쪽에 그리고 새롭고 중요한 정보는 중간영역의 끝에 온다.'면 위 〈표 22〉의 문장에서 동사 〈schenken〉과 가장 가깝게 연계된 구성단위는 〈zum 20. Geburtstag〉일까? 아니면 다른 구성요소인 〈gestern〉, 〈meinem Sohn〉, 〈einen Anzug〉 중에서 어떤 구성요소일까? 독일어 문화권에서 다른 사람에게 선물을 하는 경우, 특히 크고 의미 있는 선물을 하는 경우에는 특별한 행사와 연관되거나 특별한 관련이 있는 사람에게만 제한되는 특수성을 감안한다면 〈zum 20. Geburtstag〉이 동사인 〈schenken〉과 가장 가깝게 연계된 구성단위로 인식될 수 있다.

하지만 〈schenken〉과 가장 가깝게 연계된 구성단위는 혹시 화자의 발화상황 또는 '화자가 어느 요소를 중요하게 여기는가에 따라 변화되지 않을까?'라는 또 다른 의문을 가지게 된다. 따라서 〈표 22〉의 예문 〈Ich habe gestern meinem Sohn einen Anzug zum 20. Geburtstag geschenkt.〉은 화자가 〈gestern〉, 〈meinem Sohn〉, 〈einen Anzug〉 중

에서 어떤 구성요소에 의미가중치를 두느냐에 따라 다음과 같이 발화될 수 있지 않을까?

Ich habe meinem Sohn einen Anzug zum 20. Geburtstag gestern geschenkt.
Ich habe gestern einen Anzug zum 20. Geburtstag meinem Sohn geschenkt.
Ich habe gestern meinem Sohn zum 20. Geburtstag einen Anzug geschenkt.

현재 우리는 이런 의문에 대한 대답은 할 수 없음에도 불구하고, 우선은 어느 부류의 낱말 또는 낱말뭉치/구들이 예문의 중간영역에 위치하는지는 다음과 같이 파악할 수 있다.

'부사어' 〈gestern〉,
'소유대명사' 〈mein-〉 + '명사'인 〈Sohn〉,
'부정관사' 〈ein-〉 + '명사' 〈Anzug〉,
'전치사' 〈zu〉 + '형용사로 분류된' 〈zwazig-〉 + '명사' 〈Geburtstag〉

'부사어' 〈gestern〉를 제외한 문장구성요소들은 동사 〈schenken〉에 따른 변화에 따라서 위치 또는 순서를 정하는 것으로 판단된다. 이 순서를 확인해 보기 위해 동사 〈schenken〉을 기반으로 〈내가 내 아들에게 양복을 선물한다.〉는 독일어문장을 구성해보면 다음과 같다.

Ich schenke meinem Sohn einen Anzug.

이 문장의 술어구에 해당하는 구성요소인 〈meinem Sohn〉과 〈einen Anzug〉을 **대명사화 실험**[Pronominalisierungstest]에 차례로 적용하여 〈meinem Sohn〉 = 〈ihm〉, 〈einen Anzug〉 = 〈ihn〉 문장을 재구성하면

다음과 같다.

> Ich schenke meinem Sohn einen Anzug.
> Ich schenke **ihm** einen Anzug.
>
> Ich schenke meinem Sohn einen Anzug.
> ?Ich schenke meinem Sohn **ihn**.
> ⇒ Ich schenke **ihn** meinem Sohn.
> Ich schenke meinem Sohn einen Anzug.
> ?Ich schenke **ihm** **ihn**.
> ⇒ Ich schenke **ihn** **ihm**.

이런 동사 〈schenken〉을 기반으로 한 문장구성과 구성요소의 대명사화실험을 통해서 명사목적어가 정동사 뒤에 나오면 ‘여격(3격) + 목적격(4격)’의 순서로, 명사와 대명사 목적어가 정동사 뒤에 같이 나오면 ‘대명사목적어 + 명사목적어’의 순서로 그리고 대명사목적어가 정동사 뒤에 나오면 ‘목적격(4격) + 여격(3격)’의 순서로 위치하는 것을 관찰할 수 있다.

또한 〈표 22〉의 예문 〈Ich habe gestern meinem Sohn einen Anzug zum 20. Geburtstag geschenkt.〉에는 여격(3격) + 목적격(4격) 목적어 이외에도 ‘부사어’로 구분되는 〈gestern〉 그리고 ‘전치사’ 〈zu〉 + ‘형용사로 분류된’ 〈zwazig-〉 + ‘명사’ 〈Geburtstag〉형태로 전치사구로 구분되는 형태가 함께 나온다. 이런 형태들은 문장의 행위자와 피행위자의 상관관계 또는 문장의 의미적 관련성 형성이 ‘언제(temporal: wann)’ - ‘왜(kausal: weil/da/denn/wegen)’ - ‘어떻게(modal: wie/ was für ein)’ - ‘어디서(lokal: wo)’ 그리고 어떤 ‘목적(final: damit)’으로 이루어 졌는지를 표현하는 부가어적인 문장구성요소로 이해된다. 예를 들어 〈내가 자동차로 아이를 유치원에서 데려

왔다.〉라는 의미를 가진 독일어 문장은 '어떻게'와 '어디서'에 해당하는 부사적인 부가요소를 포함하는 문장으로 이해된다.

VF	FIN	MF		VK
		Akksativ Objekt	Angaben	
Ich	habe	das Kind	mit dem Auto vom Kindergarten	abgehlolt.
VF[나는] MF[[아이를] [자동차로] [유치원에서]] FIN-VK[데려했다/완료관점]				

〈표 23〉

똑 같은 방법으로 〈나는 오늘 와인 병을 와인창고에 놓아두었다.〉라는 의미의 문장은 '언제'와 '어디에'에 해당하는 부사적인 부가요소를 포함하는 문장으로 그리고 〈검사는 어제 그를 범죄행위 때문에 구속했다.〉는 의미의 문장은 '언제'와 '왜'에 해당하는 부사적인 부가요소를 포함하는 문장으로 이해된다. 이를 도표화하면 다음과 같다.

VF	FIN	MF		VK
		Akksativ Objekt	Angaben	
Ich	habe	die Flasche	heute in den Weinkeller	gelegt.
VF[나는] MF[[와인을] [오늘] [와인창고에]] FIN-VK[놓아두었다/완료관점]				

〈표 24〉

VF	FIN	MF		VK
		Akksativ Objekt	Angaben	
Der Staatsanwalt	hat	ihn	gestern wegen seiner Verbrechen	angeklagt.
VF[검사는] MF[[그를] [어제] [그의 범죄행위 때문에]] FIN-VK[구속했다/완료관점]				

〈표 25〉

지금까지의 논의를 중심에 두고 위 2.1.2.1 정동사 앞쪽영역의 〈표 21〉으로부터 몇몇을 빌려와서 〈표 26〉라 하고 여기의 〈표 23~25〉를 서로 비교하면 문장의 중간영역에서의 위치가 선명해진다.

VF	FIN	MF	VK
Ich	habe	ihn **ja** gestern im Kino	gesehen.
Ihn	habe	ich **ja** gestern im Kino	gesehen.
Gestern	habe	ich ihn **ja** im Kino	gesehen.
Im Kino	habe	ich ihn **ja** gestern	gesehen.
Er	hat	**sich** für sein Versagen	geschämt.
Für sein Versagen	hat	er **sich**	geschämt.
Geschämt	hat	er **sich** für sein Versagen.	

〈표 26〉

이들의 비교결과는 다음과 같이 요약될 수 있다.

1. 중간영역에서는 명사는 주격(주어)-3격(목적어)-4격(목적어)-보충어(부사보충어) 순서로 위치한다. 대명사는 명사보다 왼쪽에 우선으로 나타난다. 대명사는 4격이 3격보다 왼쪽에 나타난다.
2. 중간영역에서 대명사는 1격-4격-3격 순으로 위치한다.
3. 중간영역에서 부사보충어는 시간표시^temporal^ – 원인^kausal^ – 종류/방법/수단^modal^ – 장소^lokal^ – 목적^final^ 순서로 위치한다.
4. 중간영역에서 강세 없는 인칭대명사와 재귀대명사 〈sich〉는 바로 정동사 뒤에 위치한다.
5. 화법첨사^Modalpartikel^는 언제나 중간영역에 위치한다.[25]

25 부정부사 〈nicht 아닌〉도 일반적으로 문장의 중간영역에 위치한다. 부정부사인

6. 정관사를 통해서 표시되는 규정되어 알려진 것은 그리고 알려지지 않아 규정되지 않은 것 순서로 위치한다.

〈nicht〉를 이용한 문장의 부정에 대한 논의를 통해 얻어진 규칙을 보면 문장전체 또는 일부를 직접 부정하는 관계 안에서의 사용용례와 화용부사어[Modaladverbien]가 술어와 긴밀하게 연동하는 경우로 구분되어 나타나는 〈nicht〉의 용례들을 관찰할 수 있다.
문장술어를 부정하는 〈nicht〉는 〈Sie liebt ihren Freund überhaupt nicht. 그녀는 그녀의 남자친구를 전혀 사랑하지 않았다.〉에서와 같이 문장의 끝에 와서 문장전체를 부정하는 의미를 우선적으로 포함한다. 그러나 예를 들어 〈Sie liebt nicht ihren Freund. 그녀는 그녀의 남자친구를 사랑하지 않는다.〉와 같은 용례에서도 관찰할 수 있듯, 문장부사로 사용되는 〈nicht〉가 문장의 끝에 와서 문장전체를 부정하는 구성요소로 기능하는 것이 아니라, 해당구성요소 앞에 나와 이를 부분적으로 부정한다. 이렇게 부정부사인 〈nicht〉가 특정한 문장구성요소, 예시의 〈ihren Freund〉를 부정하는 것과 같은 경우에는 다른 여러 요소들 중에서 양자택일의 가능성을 제시하는 〈sondern〉과 함께 사용되어 다음 예문 쌍에서 볼 수 있는 것과 같은 의미적인 선택가능성이 제시된다. 〈Sie liebt ihren Freund überhaupt nicht.〉:〈Sie liebt nicht ihren Freund, sondern seinen Bruder. 그녀는 그녀의 남자친구가 아니라, 남자친구의 동생/형을 사랑했다.〉
이런 종류의 부정부사 이외에도 예를 들어 〈Er arbeitet nicht sorgfältig. 그는 주의 깊게 일하지 않는다.〉 또는 〈Sie fuhren nicht mit großer Verspätung ab. 그들은 늦었지만 많이 늦지 않게 출발했다.〉에서와 같이 부정부사인 〈nicht〉가 술어와 긴밀한 관련성을 갖는 화용부사어와 결합되는 경우를 관찰할 수가 있다. 이렇게 종류/방법/수단을 표시하는 화용부사/화용부사어[Modaladverbien]가 술어와 긴밀한 관련성을 보일 때는 〈nicht〉가 해당 화용부사 또는 화용부사어의 앞에 와서 문장전체를 부정한다. 특히 시간적인 순서를 정할 수 있는 시간표시 부사들 예를 들어 〈gestern〉, 〈heute〉, 〈morgen〉, 〈vorher〉, 〈nachher〉, 〈später〉, 〈früher〉 등과 같은 부사들이 나오면 〈Sie starteten gestern nicht. 그들은 어제 출발하지 못했다.〉에서와 같이 문장의 끝에 〈nicht〉가 위치하는 반면 〈sofort〉, 〈rechtzeitig〉, 〈pünktlich〉와 같이 시간적인 순서를 정할 수 없는 시간부사가 나오는 경우에는 〈Sie starteten nicht sofort. 그들은 바로 출발하지 못했다.〉에서와 같이 부사 앞에 〈nicht〉가 위치하는 것을 관찰할 수 있다.

2.2.3 뒤쪽영역의 구성요소

뒤쪽영역에 나타나는 구성요소는 특별한 강조를 필요로 하는 문장성분이 주를 이루는 것으로 이해된다. 특히 문체상의 또는 특별하게 강조가 되어야 하는 경우나 부분문장[Nebensatz]이 문장괄호 안에 나타나는 경우에는 뒤쪽영역에 위치하는 경향을 보인다. 다음의 문장을 보자.

Nils hat sie gestern in der Universität getroffen.
(Nils는 어제 대학교에서 그녀를 만났다.)

만약 이런 문장에서 화자의 의도에 따라 특정한 문장성분이 강조되어야 하는 경우에는 일반적으로 도치형태를 취한다. 여기에서 다룬 앞쪽영역 논의에 의하면 위의 문장은 화용적인 의미는 조금씩 다르더라도 다음과 같은 문장으로 전환될 수 있다.

Gestern hat Nils sie in der Universität getroffen.
In der Universität hat Nils sie gestern getroffen.

이렇게 도치될 수 있는 문장구성성분이 문장 괄호구조의 오른쪽 괄호를 벗어나 뒤쪽영역에 다음과 같은 형태로 문장을 형성하는 경우를 아래와 같은 문장에서 특히 구연되는 입말에서 관찰할 수가 있다(표 14와 그 이하 쪽 참조).

⇒ Nils hat sie gestern getroffen, **in der Universität**.
⇒ Nils hat sie in der Universität getroffen, **gestern**.

VF	FIN	MF	VK	NF
Nils	hat	sie gestern in der Universität	getroffen.	
Nils	hat	sie gestern	getroffen.	in der Universität
Nils	hat	sie in der Universität	getroffen.	gestern

〈**표 27**〉

특히, 한 낱말로 형성된 오른쪽 괄호의 안쪽인 중간영역에 문장구조로 보아 너무 커다란 관계부문장이 나타나는 경우 또는 - 반대로 표현하면 - 오른쪽 괄호의 형태규모가 너무 작은 경우에는 관계문장이 뒤쪽영역으로 이동하는 현상을 보인다. 예를 들어 〈Ich **holte** Nils vom Bahnhof, wo er morgen spät abends ankommen sollte, **ab**나는 내일 저녁 늦게 도착할 예정으로 되어있는 Nils를 역에서 데려온다.〉에서와 같은 문장에서는 문장술어인 정동사 〈**abholen**〉의 왼쪽 괄호인 〈**holen**〉과 분리전철로서 오른쪽 괄호 역할을 수행하는 〈**ab**〉의 사이인 중간영역에 〈Bahnhof〉 나타난다. 그리고 이 〈Bahnhof〉과의 관련성을 표시하는 형용사적 용법의 관계문장인 〈wo er morgen spät abends ankommen sollte〉가 중간영역에 나타난다. 따라서 전형적인 괄호구조를 보이는 문장을 형성하고 있다.

그러나 〈**ab**〉의 기능인 오른쪽 괄호의 규모가 작기 때문에 술어가 분리되어 있는 형태를 보여주고 있다. 이런 경우, 중간영역의 형용사적인 관련문장을 오른쪽 문장괄호 밖으로 이동시키는 문체적인 가능성이 허가될 뿐만 아니라, 관계문장이 중간영역에 나타나는 원래형태보다도 오히려 더 세련된 문체로 이해된다. 이를 근거로 〈Ich **holte** Nils vom Bahnhof **ab**, wo er morgen spät abends ankommen sollte.〉와 같은 문장이 생산되고, 해당 관계문장이 중간영역보다는 뒤쪽영역에 나타는 변형형태의 문장이 자연스런 문장으로 굳어진 것으로 이해될 수 있다. 이런 현상들은 부사적인 부문장 또는 명사적인 부분장이 주문장을 중심으로 형성되는 현상에서 비롯된 문장구성방법으로 이해될 수도 있다. 이런 내용은 다음과 같이 정리될 수 있다.

> Ich **holte** Nils vom Bahnhof, wo er morgen spät abends ankommen sollte, **ab**.

⇒ Ich **holte** Nils vom Bahnhof **ab**, wo er morgen spät abends ankommen sollte.

VF	FIN	MF	VK	NF
Ich	**holte**	Nils vom Bahnhof, *wo er morgen spät abends ankommen sollte,*	**ab**.	
Ich	**holte**	Nils vom Bahnhof	**ab,**	*wo er morgen spät abends ankommen sollte.*

〈표 28〉

이런 형용관계 부분장의 뒤쪽영역 위치점유는 문체적인 이유가 근간을 이루는데, 이는 독일어에서 일반적으로 부문장이 주문장에 이어 나타나는 문장형태의 유사형태를 이루는 것[Analogbildung]으로 이해될 수 있는 것과 비슷하게 규모가 큰 부사어가 오른쪽 문장괄호 밖의 뒤쪽영역에 나타나는 경우도 있다. 예를 들어 〈Ich **halte** sie wegen ihrer Klugheit, ihrer Faszination und ihrer einmaligen Ausstrahlung **für unwiederstehlich.** 나는 그녀의 명석함, 매력 그리고 절대적 카리스마 때문에 그녀를 매혹적이라고 생각한다.〉와 같은 문장, 즉 기능동사구로 판단되는 〈**halten für unwiederstehlich.** …라고 생각한다.〉가 문장괄호를 형성하고 문장의 중간영역에 나타나는 원인표시부사어인[26] 〈wegen ihrer Klugheit, ihrer Faszination und ihrer einmaligen Ausstrahlung. 그녀의 명석함, 매력 그리고 절대적 카리스마 때문에〉와 같이 긴 부사어가 문장구성요소로 나타나는 문장에서는 길게 평가되는 부사어가 뒤쪽영역으로 이동된다. 이는 긴 형태로 판단되는 원인표시

26 독일어의 중간영역에 나타나는 부사어는 '시간'-'원인'-'양태'-'시간'-'목적'을 표시하는 순서로 정렬되는 경향을 보인다. 위 2.2.2장 참조.

부사어에 의해 술어가 분리되고 또 술어간의 공간이 멀어 가독성을 위한 문장 응집력이 약해져 좋지 않은 문체로 이해될 수 있기 때문이다. 이렇게 긴 부사어를 뒤쪽영역으로 배치하는 문체를 좋은 문체로 규정하고 이들의 변화를 순차적으로 비교구분하면 다음과 같다.

Ich **halte** sie wegen ihrer Klugheit, ihrer Faszination und ihrer einmaligen Ausstrahlung **für unwiederstehlich**.
⇒ Ich **halte** sie **für unwiederstehlich** wegen ihrer Klugheit, ihrer Faszination und ihrer einmaligen Ausstrahlung.

위의 예문들의 뒤쪽영역에 위치하는 문장구성성분은 형용사절과 부사어들로 제한되는 것을 볼 수 있다. 따라서 이들이 뒤쪽영역에 올 수 있는 문장구성성분인 것으로 이해할 수 있다.[27] 부문장은 아니지만 형용사절과 긴 부사어를 포함하는 문장에서 이들을 뒤쪽영역으로 배치하는 문체를 좋은 문체로 판단하면 다음 문장들의 변화의 이유를 같은 맥락에서 이해할 수 있다. 특히 입말로 구현되는 문장에서는 화자가 판단하기에 이해하기 어렵거나 강조해야 하는 문장구성성분의 경우에는 길이가 짧더라도 문장괄호의 뒤쪽영역에 위치하는 경향을 보인다. 또한 다음 예문에서와 같이 동격설명 또는 열거형태의 설명이 문장구성성분을 형성하면 해당내용이 뒤쪽영역에 나타나는 경향을 보인다.

27 여기에서의 문장영역논의에는 목적어와 기능동사구의 구성요소 그리고 종류와 방법을 표시하는 부사어는 뒤쪽영역에서 관찰되지 않았다. 이를 독일어를 처음 배우는 우리들의 관점에서 아주 조심스럽게 -반대로- 구성하면: 문장 목적어, 기능동사구의 구성요소 그리고 종류와 방법표시 부사어 등은 뒤쪽영역에 나타나지 않는 경향을 보이는 것이고 이런 형태가 문제적으로 평범함을 의미하는 것으로 이해될 수 있다.

Müllers, Dr. Hahmann und alle Freundinnen **waren** als Gäste **gekommen**.

(Müller가와 Hahmann박사 그리고 여자친구들이 손님이었다.)

⇒ Als Gäste **waren gekommen**: Müllers, Dr. Schwerte und alle Freundinnen.

Dr. Reinhold, der frühere Klassensprecher sprach am Ende des Klassentreffens.

(전 학년반장이던 Reinhold박사가 학년모임을 마칠 때 연설을 했다.)

⇒ Dr. Reinhold sprach am Ende des Klassentreffens, der frühere Klassensprecher.

2.3 문장구성요소[28]

28 독일어의 문장성분은 크게 형식적인 문장구성성분과 기능적인 문장구성성분으로 구분할 수 있다. **형식에 따른 문장성분**은 ① 격으로 규정된 성분들과 ② 격으로 규정되지 않은 성분들로 구분된다. ①**: 격으로 규정된 성분**들은 예를 들어 〈**Der Strum** vernichtete **den Wald.** 폭풍이 숲을 파괴했다.〉, 〈**Ich** nenne **ihn einen Lügner.** 나는 그 사람을 거짓말쟁이라 부른다.〉, 〈**Ilse** hilft **ihrem Vater.** 일제가 자기 아버지를 돕는다.〉, 〈**Er** bedarf dringend **meiner Hilfe.** 그는 내 도움을 급히 필요로 했다.〉, 〈**Ich** stehe **zu dir.** 나는 너의 편이다.〉에서와 같이 〈주격, 목적격, 여격, 소유격, 전치사격〉으로 구성된다. ②**: 격으로 규정되지 않은 성분**들은 예를 들어 〈Das Essen ist gut. 그 음식은 맛있다.〉, 〈Sie hat das von klein auf gelernt. 그녀는 그것을 어려서부터 배웠다.〉, 〈Wir sind seit gestern gekommen. 우리는 어제 도착했다.〉, 〈Wir sind seit gestern da. 우리는 어제부터 여기/그 곳에 있다.〉, 〈Ich fühle mich hier wie überall. 나는 여기에서도 다른 여느 곳처럼 느낀다.〉에서와 같이 〈형용사, 형용사 + 전치사, 부사, 부사 + 전치사, 부사 + 접속사〉들로 구분될 수 있다. **기능에 따른 문장성분**은 크게 〈주어/목적어〉 기능과 〈술어성분〉 그리고 〈부사적 성분〉 등의 3가지 구분을 중심으로 구분할 수 있다. **첫째**는 〈Die Bauern bezahlten ***dem Grundbesitzer den Pachtzins.*** 농부들은 토지소유주에게 소작료/임차료를 지불했다.〉, 〈***Die alte Bäuerin denkt sorgenvoll an morgen.*** 나이든 농부아내가 근심에 차 내일을 생각하고 있다.〉에서와 같이 동사가 필요로 하는 〈주어/목적어〉 기능을 하는 경우이다. **둘째**는 〈Dieser Schmetterling **war** früher einmal ***eine Raupe.*** 이 나비도 이전에 한때는 유충이었다(한때는 보잘 것 없었다).〉, 〈Die Raupe **wurde *ein Schmetterling.*** 유충이 나비가 되었다.〉, 〈Die Raupe **entwickelte sich *zu einem Schmetterling.*** 유충이 서서히 나비로 변신하였다.〉, 〈Die Raupe **war *braun.*** 유충은 갈색이었다.〉, 〈Sie **gilt** nicht ***als Schädling.*** 그들은 해충이 아닌 것으로 간주된다.〉,〈Sie **gilt als *unschädlich.*** 그들은 피해를 주지 않는 것으로 간주된다.〉, 〈Man **hält** sie ***für unschädlich.*** 그들은 해충은 아닌 것으로 여겨졌다.〉, 〈Ich **halte** sie **für unwiederstehlich** wegen ihrer Klugheit, ihrer Faszination und ihrer einmaligen Ausstrahlung.〉에서와 같이 다른 문장성분과 연계되는 〈술어성분〉으로 구분된다. 셋째로는, 예를 들어 〈Peter ist **am *Freitag*** gekommen. 페터가 금요일에 왔다.〉, 〈Er blieb **eine *Woche*** . 그가 일주일간 머물렀다.〉, 〈Er blieb **ziemlich *lange.*** 그가 상당히 오랫동안 머물렀다.〉, 〈Er reist ***morgen*** ab. 그가 내일 떠난다.〉, 〈Er verreist ***über kurz oder lang.*** 그는 조만간 여행을 떠난다.〉에서와 같은 의미적인 표현을 규정하는 〈부사적 성

문장의 외형구성요소는 낱말과 이들의 결합인 낱말뭉치라고 할 수 있는 2개의 범주로, 즉 낱말범주와 낱말뭉치범주로 이해된다. 문장의 구성성분들 중에는 문장구성을 위해 반드시 필요한 경우와 그렇지 않은 경우로 구분된다. 우리는 문장을 구성하는 모든 요소를 문장구성요소^Satzglied^로 이해한다.

한 개의 동사가 문장술어가 되는 단순문장^Einfachersatz^의 구성성분은 술어를 형성하는 동사에 의해 어떤 구성성분이 필요하고 어떤 성분이 필요하지 않은지 구분된다. 이 때문에 동사는 문장구조^Satzstruktur^를 규정하는 핵심으로 이해된다. 술어를 형성하는 동사는 적어도

① 얼마나 많은 문장성분이 사용되어야 하고 또는 사용될 수 있는가?
② 어떤 종류의 문장성분이 사용되어야 하고 또는 사용될 수 있는가?
③ 어떤 문장성분이 의미적으로 어떻게 고정되어야 하는가?
④ 문장내의 성분들의 그들의 어순과 배열을 어떻게 바꿀 수 있는가?
⑤ 문장성분들의 어순과 배열전환은 의미적으로 어떻게 고정될 수 있는가?

등의 관점에 따라 문장구조에 필요한 문장 구성성분을 고정하고 이들의 문장영역 내외로의 이동을 가능하게 되고 이동의 축이 된다.

문장구성성분은 문장에서 붙임관계가 형성되는 낱말뭉치로 문장이 일반화 된 '문법'과 사회화된 의미규범에서 벗어나지 않는 경우에는 문장술어를 중심으로 이동이 가능하고 같은 치환범주에 속하

분〉 등으로 구분될 수 있다.

는 다른 낱말로 대치될 수 있다(위 1.2의 낱말의 붙임관계Syntagmatische Beziehzng 및 갈음/치환관계Paradigmatische Beziehung 참조). 이런 치환범주 및 치환 그리고 대치관계는 문장주어의 행위와 (행위)과정 및 (행위)결과와 상태를 묘사 또는 설명하는 역할을 하는 술어동사에 따라 허용 또는 제한된다. 문장 구성요소는

① 문장의 술어를 규정하고
② 붙임관계 및 문장영역 간의 이동 가능성을 확인한 후
③ 치환관계 확인 및 갈음관계 규정을 통해

찾을 수 있고 그 문장 안에서의 역할에 따라 기능범주인 〈주어〉, 〈목적어〉, 〈규정어〉 등으로 규정될 수 있다. 예를 들어, 〈Die Studentin hat die Klausur am 10. Dezember geschrieben그 여학생은 12월 10일 필기시험을 보았다.〉의 문장 구성성분 찾기는

① 문장의 술어를 규정하고
⇒ hat··· geschrieben

② 붙임관계 및 문장영역 간의 이동 가능성을 확인한 후
⇒ <u>Am 10. Dezember</u> **hat** <u>die Studentin</u> <u>die Klausur</u> **geschrieben.**
1 2 3 4

?<u>Die Klausur</u> **hat** <u>die Studentin</u> <u>am 10. Dezember</u> **geschrieben.**[29]
4→1 2 3 1→4

<u>Die Studentin</u> **hat** <u>die Klausur</u> <u>am 10. Dezember</u> **geschrieben.**
3→1 2 1→3 4

---

29 주격과 4격 목적격이 동형인 중성과 여성명사의 1격과 4격의 문장영역이동은 해당언어(군)의 (구분과 결합)위치에 따른 의미구성과 의미변화에 주의해야 한다.

③ 치환관계 확인 및 갈음/치환으로 문법성 여부를 확인함으로써

⇒ Die Studentin **hat** die Klausur am 10. Dezember **geschrieben.**

⇒ Sie **hat** sie gestern **geschrieben**.

마무리된다. 따라서 〈die Studentin〉, 〈die Klausur〉, 〈am 10. Dezember〉는 문장구성성분으로 분할되고, 이들은 문장에서의 개별 기능에 따라 〈주어, 목적어〉 그리고 〈부사 규정어〉 등과 같은 문장 구성성분으로 분류되어 인식되고, 이동되는 문장영역이 규정될 수 있다. 이런 이유에서 문장 구성성분인 〈주어, 목적어, 규정어〉 그리고 〈보충어[Angaben]〉 등도 낱말범주를 넘어 문장구성요소인 낱말뭉치로서 치환 및 대치단위로 그리고 낱말뭉치범주에 포함되는 것으로 이해된다. 특히, '누가/무엇이', '누구를/무엇을', '언제', '왜', '어떻게', '어디서', '어떤 목적으로'의 범주에 공동으로 속하는 낱말들은 술어의미 [**TUN**; **HABEN**; **SEIN**]에 의해 동일한 의미범주와 동일한 기능범주에 속하는 문장구성성분으로 규정된다. ②와 ③의 붙임관계와 갈음/치환관계를 통해 재구성된 문장은 의사소통상황과 발화자의 의도에 따라 다른 언어화용의미를 포함할 수도 있다.

2.4 개별 문장구성성분

문장구성성분의 명칭에 대한 다양함에도 불구하고 여기에서는 이미 언급된 〈주어, 술어,[30] 목적어, 규정어, 보충어〉 등과 같이 기능이 강조된 명칭(위 주석 27 참조)들을 사용하기로 한다.

2.4.1 주어

주어는 문장의 술어동사를 통해서 표시되는 모든 사건의 기능적이고 형식적인 기점이다. 따라서 독일어 문장에서 주어와 술어동사 사이에는 규정된 일치[Kongruenz]가 필수조건으로 존재한다. 주어는 형태적으로는 주로 주격으로 된 성분으로 채워지고 그렇지 않은 경우에는 언제나 주격기능을 갖는 성분으로 대치된다.[31]

---

30 술어는 문장의 축이나 틀로서 기능을 한다. 따라서 술어는 문장구성성분들을 동원하는 구조적 핵심이다. 구조적 핵을 문장구조형성을 위해 동원되는 구성요소 또는 구성성분과 동등하게 이해하는 것은 문제점이 있다. 하지만 이에 대한 새로운 이해가 부족하고, 이런 현상에 대한 기술 또는 새로운 명칭에 대한 논의가 없는 여기에서는 현재 우리에게 익숙한 용어를 – 다만, 이들이 서로 같지 않다는 점은 염두에 두고 - 사용하기로 한다. 또한 현재로서는 언어현상의 다양성과 끊임없이 발생하는 중첩성 문제 안에서 모든 상황에 적합한 용어를 정의하는 것은 어려울 뿐만 아니라 전혀 다른 또 다른 작업이기 때문이다.

31 주격으로 사용되는 모든 문장성분이 주어는 아니다. 〈Er ist ein Vater.〉 라는 문장에는 두 개의 주격이 있다. 이들은 문장조작실험인 일치실험과 부정형실험에 의해 〈Er〉가 주어로 규정되고, 주격의 다른 성분인 〈ein Vater〉는 부정형실험을 통해 동사적 어휘사슬로 규정된다. 이와 같이 주격으로 사용되는 성분이 주어가 아닌 동사적 어휘사슬의 성분으로 간주되는 것을 동등주격이라 한다. 〈Gleichsetzungsnominativ〉로 표현되는 동등주격은 〈sein …이다〉, 〈scheinen …으로 보이다〉, 〈bleiben 머물다〉, 〈werden 되다〉, 〈heißen …라고 불리다〉과 같은 동사

주어 찾기: 주어는 특히 '누가/무엇이'에 해당되는 낱말들과 동일한 의미범주에 속하는 낱말들로 구성되기 때문에 동일한 기능범주에 속하는 낱말 또는 동일한 품사와 연계되는 대용어Fürwörter일 가능성이 높다. 문장주어는 부정형실험, 일치실험 및 수동실험 방법 그리고 '누가/무엇이wer/was' 질문을 수단으로 하여 다음과 같이 규정될 수 있다.

① 부정형실험Infinitivprobe

동사로 인해 구성되는 어휘결합Wortverband 범위 내에서는 동사의 특성에 의해 필수적으로 유지해야 하는 성분이 있다. 이런 어휘결합을 동사적 어휘사슬Wortkette이라 부른다. 이 어휘사슬을 얻기 위해 문장에서 술어를 분리해서 부정형을 구성하고, 이 동사어휘사슬에서 벗어난 성분을 주어로 이해한다.

와 〈nennen …라 칭하다〉, 〈schelten(화내/꾸짖다)〉 등과 같은 동사들이 수동문장에서 결합할 때만 사용된다. 또한 동등주격은 주어와 밀접한 관계에 있고 주어와 같은 수Numerus의 명사가 사용된다. 주어의 위치처럼 동등주격의 자리는 보통 주격으로 된 성분으로 대치된다: a) 동등주격의 위치는 부분문장으로 대치된다. 〈Werde ein guter Mensch! 좋은 사람이 되거라! - ein guter Mensch werden〉. 이때 〈ein guter Mensch〉는 동사적 어휘사슬의 성분으로 남는다. b) 동등주격의 위치는 부정형으로 대치된다. 〈Verbannt werden heißt **sterben.** 추방은 죽음을 뜻한다.〉, 〈Sein Ziel war, Politiker **zu werden.** 그의 목표는 정치가가 되는 것이었다.〉. c) 동등주격의 위치는 어형변화를 한 형용사에 의해 대치된다. 〈Diese Frage ist **keine wirtschaftliche**, sondern **eine politische.** 이 문제는 경제적인 것이 아니라 정치적인 것이다.〉. d) 동등주격의 위치는 문장형용사Satzadjektiv로도 대치할 수 있다. 〈Aufgeschoben ist nicht **aufgehoben.** 미뤄졌다해서 공식적으로 끝난 것은 아니다/연기는 중지가 아니다.〉, 〈Frisch gewagt ist halb **gewonnen.** 새로운 시작은 절반을 이룬 것이다/시작이 절반이다.〉, 〈Sauber ist nicht **rein.** 깨끗하다해서 순수한 것은 아니다.〉. 동등주격에 대해서는 Duden 4 (2009[8]) 812-813 참고.

Das Architektenteam ***stellte*** das Haus innerhalb eines Jahres ***fertig***.
그 건축(가)팀이 그 건물(집)을 1년 안에 완성했다.

동사어휘사슬 ⇒ das Haus innerhalb eines Jahres ***fertigstellen.***
동사어휘사슬에서 벗어난 문장성분: das Architektenteam
⇒ (주어)

② **일치실험**Kongruenzprobe

문장술어의 동사 형태는 주어의 수Numerus와 일치해야 한다. 동사의 단수는 복수 형태로 복수는 단수 형태로 대치시킨다. 필수적으로 수가 일치해야 하는 성분을 주어로 이해한다.

Das Architektenteam ***stellte*** das Haus innerhalb eines Jahres ***fertig***.
문장술어 중 동사를 단/복수 변형 ⇒ ***stellten***
필수적으로 수가 일치해야 하는 성분 ⇒ Das Architektenteam
⇒ *Die* Architektenteam*s* (주어)
동사어휘사슬 ⇒ *stellen* das Haus innerhalb eines Jahres fertig.

③ **수동실험**Passivprobe

술어가 능동으로 사용된 문장의 주어는 술어가 수동이 될 때 〈von〉 또는 〈druch〉와 결합하여 전치사적으로 유도되는 문장성분을 주어로 이해한다: [주어: “der/die/das X”(능동) ⇒ “von X/durch X”(수동)]. 하지만 사건중심기술이 강조되는 수동문장의 특성 때문에 수동실험에서는 변형이전의 문장주어가 생략될 수도 있다.

Das Architektenteam ***stellte*** das Haus innerhalb eines Jahres ***fertig***.

수동형 ⇒ *Von dem / Durch das Architektenteam* wird das Haus innerhalb eines Jahres fertiggestellt.
⇒ ~~*Von dem / Durch das Architektenteam(수동전환 후 생략)*~~ wird das Haus innerhalb eines Jahres fertiggestellt.
⇒ Das Haus wird innerhalb eines Jahres ~~*(수동전환 후 생략)*~~ fertiggestellt.
⇒ Das Haus (주어)

④ 질문실험[Frageprobe]

주격을 분명히 알아볼 수 없는 경우에는 치환범주와 치환관계를 이용하는 방법 또는 '누가/무엇이[wer/was]'에 해당하는 질문방법을 사용할 수 있다.

Das Architektenteam **stellte** das Haus innerhalb eines Jahres **fertig**.
⇒ (치환) Das Architektenteam 〉 Der Architekt/Das Team 〉 Er/Es
(주어/1격 치환이 가능하다)

⇒ (질문) A: ***Wer / was*** stellt das Haus innerhalb eines Jahres fertig?
누가 / 무엇이 그 건물(집)을 1년 안에 완성시키지?
(대답) B: Das Architerktenteam (주어) + (생략부분)
(생략부분: stellt das Haus innerhalb eines Jahres fertig)[32]

---

32 일반적으로 술어는 문장의 핵심이기 때문에 생략되지 않는다. 하지만, 의사소통상황에 따라 술어가 구체적으로 제시될 필요가 없을 경우에는 생략되기도 한다. 특히, 보충의문문에 대한 대답을 하는 경우, 이런 생략현상[Ellipse]이 나타난다. 예를 들어, 보충을 요구하는 의문문(시간) 〈**Wann** kommt dein Freund? 네 친구가 언제 오니?〉에 대한 답으로 〈Heute 오늘.〉이라고 답할 수 있다. 이때 〈Heute kommt er.〉에서 술어와 주어로 표시되는 정보 〈kommt er〉가 생략되고, 시간 표시부사어인 〈Heute!〉만이 나타난다. 이런 술어부분 생략현상은 진행된 대화의 전-후 상황을 통해 의미의 전달관계가 명확한 경우에 제한되는 경향을 보인

특히, 주격 형태를 띤 또는 다른 기능을 띄는 문장성분이 주어형태와 동일한 형태로 같은 문장 안에 나타나는 경우에는 일치실험과 부정형실험이 주어를 규정하는 확실한 방법이 된다.

2.4.1.1 주어어휘Subjektswort

문장주어를 위해서는 주로 '명사/명사구/명사절' 등 명사와 관련된 낱말이 사용된다.[33] 따라서 명사를 대신하는 낱말인 대명사 그리고

다. 신문/잡지의 제목과 같이 술어를 포함하고 있지는 않지만 마치 문장처럼 기능을 하는 통사체, 예를 들어 〈Überall auf der Welt, Miese Jobs? Abenteuer!〉 등이나, 감정/감탄/애원을 포함하는 낱말, 예를 들어 〈Hurra!, ja, nein, doch, bitte!, danke!〉 등과 같은 표현에서도 술어가 생략되는 현상이 나타난다.

33 낱말은 기능에 따라 여러 낱말명칭(품사)으로 개념화/구분된다(위 주석 3 참조). 낱말이 본래의 기능과 전혀 다른 기능을 하는 경우에 낱말의 기능을 표시하는 낱말명칭(품사)도 변경될 수 있다. 일반적으로 낱말의 기능변화는 해당낱말의 형태변화를 통해 반영되지만, 그렇지 않은 경우도 있다. 독일어에서의 품사변화는 - 이미 사용되고 있는 낱말에 의해 방해를 받는 경우인 〈Blockierung(차단/방해)〉를 제외하고는 - 상대적으로 유연하다. 이는 독일어낱말의 기능변화가 비교적 유연하다는 특성으로도 이해할 수 있다. 예를 들면, 독일어 동사는 중성명사로의 전환이 가능하다. 또한 독일어 형용사와 부사는 상호기능교환이 가능하고, 부사가 형용사 기능을 포함하는 경우에는 어형변화를 한다. 반면에 형용사가 부사기능을 할 때는 어형변화가 일어나지 않는다. 형용사 기능을 하는 낱말은 명사기능을 가질 수 있다. 동사의 분사형태를 통해 동사는 형용사기능낱말로 전환될 수 있고, 이는 어형변화 없이 부사기능을 한다. 또한 다른 품사에서의 동사로의 전환은 독일어음소의 연결관계와 밀접한 관련이 있다. 음소연계가 독일어 토속적인 음소연계와 동일하거나 비슷하면 동사어미 [ən]-〈-en〉, 다르면 [i:ʀən]-〈-ieren〉을 붙여 동사로 전환하는 경향을 보인다. 결과적으로 네 가지 품사 〈명사, 동사, 형용사, 부사〉는 자신들의 실현형태인 문장/구 안에서의 용도와 기능에 따라 변화될 수 있고 낱말의 본질적인 기능을 표시하는 명칭인 '낱말명칭(품사)'은 문장에서 다양한 문장구성요소로 확인된다. 그러나 특정 품사에 해당하는 낱말들은 형태적인 공통점은 물론 통사적 관계에서도 일정한 역할을 공유하고 또한 통사적인 분포현상이 일치하여야 한다. 이러한 경향에도 불구

명사화된 낱말들과 명사구 그리고 명사절이 주어로 사용될 수 있다(아래 2.4.1.3 주어의 형태 참조). 독일어에서는 〈Komm her 이리 와!〉에서와 같은 명령형(2인칭)에서만 주어 없는 문장이 사용되고, 주어가 나타나지 않는 나머지 문장들은 주어가 생략된 문장으로 이해한다.

Die Rose blüht.
장미꽃이 핀다.

Das Pferd zieht den Wagen.
말이 마차를 끈다.

Komm her! (하지만) : Kommen Sie 이리 오십시오!
이리 와!

Lebt wohl!
잘들 사세요!

Danke schön(= Ich danke schön).
감사합니다.

2.4.1.2 주어의 격[Kasus]

주어는 항상 주격/1격[Nominativ] 으로 사용된다. 따라서 "Wer/Was"(누구/무엇)에 대한 대답으로 술어동사와 결합하여 대답하게 된다.

하고 모든 낱말의 특성이 체계적으로 규정될 수 있다고 하기에는 문제점이 드러난다. 예를 들어 '문장 안에서 그 분포에 따른 형용사 분류'는 일관된 결과를 내놓지 못한다. 구체적으로 보면 〈der **schnelle** Wagen 빠른 차〉, 〈Der Wagen fährt **schnell.** 그차가 빨리 간다.〉, 〈Der Wagen ist **schnell.** 그 차는 빠르다.〉(Ramers: 2000, 1.2.2.장)에서의 형용사 〈schnell〉은 '부가어적', '부사적' 그리고 '술어적' 인 형용사 기능분포를 보인다. 이는 분포에 의거해서 형용사와 부사를 체계적으로 구분하는 것에는 분명한 문제가 있음을 제시한다.

A: **Wer** ist gekommen?
누가 왔느냐?

B: **Der Vater** (ist gekommen).
아버지(가 오셨다).

A: **Was** brennt?
무엇이 타냐?

B: **Das Haus** (brennt).
집(이 불탄다).

2.4.1.3 주어의 형태Form

주어는 명사를 통해 실현된다. 따라서 명사에 준하는 기능을 하는 모든 낱말군은 주어로 사용될 수 있다. 문장주어 형태는 다음과 같다.

① **명사/대명사**

Die Kinder spielen auf der Wiese.
아이들이 풀밭에서 놀고 있다.

⇒ **Sie** spielen auf der Wiese.
그들이 풀밭에서 놀고 있다.

Sie sind glücklich und zufrieden.
그들은 행복하고 만족스러워한다.

Das ist schön.
그것은 아름답다.

Wer hat es ihnen verbieten?
누가 그것을 그들에게 금지시켰니?

② **단순/순수부정사einfacher Infinitiv/〈Zu〉-부정사zu-Infinitiv**

Arbeiten schützt vor Torheit.
노동은 어리석음을 방지한다.

Mitzuspielen ist eine Freude.
함께 게임하는 것은 재미 있다.

Baseball zu spielen ist nicht leicht.
야구하는 것은 쉽지 않다.

③ **분사군**Partizipialgruppe

Aufgeschoben ist nicht aufgehoben.
연기는 중지가 아니다.

Frisch gewagt ist halb gewonnen.
새로운 시작으로 절반은 획득한 것이다. 시작이 반이다.

④ **부문장**Gliedsatz

Dass ich mit dir ins Theater gehen darf, freut mich sehr.
너와 함께 극장에 가게 되어 정말 기쁘다.
⇒ **DAS** freut mich sehr.

Wer glücklich ist, ist auch zufrieden.
행복한 사람은 누구나 만족한다.
⇒ **Der/Die** ist auch zufrieden.

Wer nicht wagt, gewinnt nicht.
시도하지 않는 자는 아무것도 얻지 못한다.
⇒ **Der/Die** gewinnt nicht.

2.4.1.4 주어 수식어Bestimmungswort

자립여격/3격der freie Dativ으로 표시되는 주어와 관련된 수식어의 내용은 주로 '3격으로 표현된 인물'과 '주어'와의 관계만을 표시한다. 자립여격은 주어와의 관련성만을 부여하기 때문에 〈für + (3격표시인물) 대명사〉로 대치될 수 있다.[34]

34 예를 들어, 〈Er **besitzt** sein Buch. 그 사람은 자기 책을 가지고 있다.〉와 같은 경

Mir[/Für mich] leuchten die Sterne.
별들이 나에게[/나를 위해] 반짝인다.

Er ist **mir** ein lieber Freund.
그 사람은 나에게는 다정한 친구다.

Die Zeit verging **uns.**
우리에게 시간은 유수처럼 흐른다.

Karl trägt **seinem Freund [/für seinen Freund]** den Koffer zum Bahnhof.
카알은 친구에게[/친구를 위해서] 가방을 역까지 들어준다.

자립여격은 결국 3격으로 표시되는 인물을 위하여 무엇인가가 존재하거나 실행되는 내용을 나타내는 경우 소유대명사와 결합되어 선택적으로 사용되기도 한다.

Er trägt **ihr den Koffer** zum Bahnhof
그가 그녀에게 가방을 역까지 들어준다.

⇒ Er trägt **ihren Koffer** zum Bahnhof.
그가 그녀의 가방을 역까지 들어준다.

이런 경우는 문장에서 여격으로 거명된 사람과 거명된 사물사이에 소유관계가 나타날 때에만 가능하다. 소유대명사는 대개는 사람을 지칭하고, 그 문장의 동사가 자립여격의 접속을 허용하는 경우에 자립여격을 통하여 대치될 수 있다.

주어 수식어는 일반적으로 전달정보의 압축을 통한 공간축소의미를 주로 특정한 명사와 함께 표현단위를 형성한다. 이로 인해 명사문체가 형성되고 이로 인해 가독성에 문제가 발생할 수 있다. 주어가 명사/

우에는 동사가 자립여격을 허용하지 않기 때문에 선택적인 갈음/치환/대치관계 성립이 불가능하다.

명사구/명사절을 통해 실현되기 때문에 수식어의 대부분이 수식되는 **주어명사의 왼쪽에 위치**한다. 이렇게 명사의 왼쪽에 위치하는 수식어[Linksattribute]들의 명칭과 위치/배열순서는 다음과 같이 요약될 수 있다.

순서 위치	수식어 낱말명칭: 예시
제 1 위치	관사(류)[Artikelwörter] : der, die, jene, ein, eine
제 2 위치	수(량)표시 형용사[Zahladjektive]: viele, wenige, erste, andere
제 3 위치	시간과 장소표시 형용사[Adjektive mit temporaler und lokaler Bedeutung]: heute, hiesig, diesjährig, der linke
제 4 위치	색깔과 (성)질 표시 형용사[Farbadjekitve und qualitativ bewertende Adjektive]: blau, rot gut, offen, mangelhauft
제 5 위치	출신과 재질을 표현하는 형용사[Adjektiv der Herkunfts- und Materialbeziechnung]: englisch, deutsch, rechtlich, kupfen, hölzern

〈표 29〉

1	2	3	4	5	주어명사
der	erste	diesjährige	gelungene	städtische	Wettbewerb
die	wenigen	hiesigen	erfolgreichen	deutschsprachigen	Veröffnent lichungen
alle	verschiedenen	linken		politischen	Gruppierungen

〈표 30〉

위를 〈표 29-30〉를 통해 주어명사의 왼쪽에 위치하는 낱말의 종류가 관사와 수사 그리고 형용사로 제한되는 사실과 이들의 실현순서를 확인할 수 있다. 이와는 반대로 2격 수식어, 전치사구 그리고 부사구가 명사/명사구/명사절의 오른쪽에 나타나는 수식어[Rechtsattribute] 기능을 한다. 이들의 기능과 수식위치를 도표화하면 다음과 같다.

오른쪽 수식어	예시
2격 수식어[Genitivattribut]	die Krawatte des Vaters, der Roman des Nobelpreisträgers
전치사구[Präpositionalattribut]	das Interesse an Ausbildungsplätzen, die Hoffnung auf gute Noten, die Veranwortung für die Kinder
부사/부사구[Adverbien]	das Surfbrett hier, das Rockkonzert gestern

〈표 31〉

2.4.2 술어[Prädikat]

문장술어는 반드시 동사와 연계된다.[35] 문장술어가 하나의 동사 형

35 '동사'는 문장주체인 주어의 행위와 행위과정 및 행위결과를 표현하고, 표현대상의 상태를 묘사 또는 서술/설명하는 기능을 갖는 낱말무리이다. 또한 문장핵심인 술어형성의 주축을 이루기 때문에 문장에서 중심기능을 담당하고, 문장주어의 '인칭'과 '수'및 '서술시간'그리고 화자의 '서술관점'은 물론 '표현양태'나 '표현화법'에 따라 변화하는 특성을 갖는다. 독일어에서 문장술어는 두 가지 형태, 즉 '단순/단항술어(과거형/현재형)'와 '복합/다항술어(완료형/미래형/수동형)'로 이해된다. 한 개의 동사로 형성되는 '단순술어'는 〈인칭-수-시간-관점-양태-화법〉에 따라 변화[Konjugation]하고 언제나 문장의 두 번째 구성요소가 된다. 〈(화법)조동사 + … + 일반/완전동사〉, 〈동사첨가어 (+) 일반/완전동사〉 그리고 〈일반/완전동사 + … + 원형부정사/과거분사〉로 형성되는 '복합/다항술어'는 일반적으로 화자의 〈표현관점〉과 〈표현양태〉를 핵으로 〈인칭-시간-수〉에 따라 변화하는 술어부분과 변화하지 않는 술어부분의 형태로 구성된다. 이때 동사변화[Konjugation]를 하는 부분은 문장의 두 번째 위치에 동사변화를 하지 않는 부분은 문장의 끝에 위치한다. 독일어 문장술어의 내포의미와 형태적 특성과 (행위/사태발생과 발화)시간과의 관련성을 예시와 함께 도표화하면 다음과 같다.

시간	술어형태	문장 예시	내포의미/특징
과거	과거완료 과거 현재완료	Ich hatte geschrieben Ich schrieb : **단항술어** Ich habe geschrieben	(과거특정시점까지) 영향미침표시 (과거 특정 한 시점에 끝난) 사실표시 (현재 발화시점까지)영향미침을 표시
현재	현재	Ich schreibe : **단항술어**	현재의 현상/과정, 반복/직업, 진리표시

태로만 이루어지면, 이를 단순/단항술어[einteiliges Prädikat] 문장 그리고 2개 이상 여러 개의 동사로 형성되면 복합/다항술어[mehrteiliges Prädikat] 문장이라 한다.

단순/단항술어문장 : Er ***verdient*** sein Geld als Maurer
그는 토수로 돈을 번다.

복합/다항술어문장 : Er ***hat*** sein Geld als Maurer ***verdient***.
그는 토수로 돈을 벌었다.

① 단순/단항술어문장

단순/단항술어문장의 술어는 항상 변화하는 동사, 즉 주어와 술어동사 사이에 규정된 문법내용들이 일치[Kongruenz]하는 동사형태(정동사)로 변화된다. 단순술어 서술문장에서 정동사는 항상 문장의 두 번째 위치를 점유하는데, 문장종류[Satzart]에 따른 주어위치에 따라 문장의 첫 번째에 또는 접속사의 특성에 따라 문장의 마지막에 위치할 수도 있다.

Die Hitze **stört** sehr.
더위가 방해를 많이 한다.

Stört die Hitze sehr?
더위가 방해를 많이 하죠?

Wie die Hitze **stört**!
더위가 얼마나 방해를 하는지!

② 복합/다항술어문장

복합/다항술어문장의 경우에는 '주어와 술어동사 사이에 문법적인

시간	술어형태	문장 예시	내포의미/특징
미래	현재	Morgen **schreibe** ich : **단항술어**	(이행 계획/규정된) 미래를 표시
	미래	Ich werde schreiben	(규정안 된, 예정된) 미래를 표시
	미래완료	Ich werde geschrieben haben	(미래의 특정시점까지) 완료를 추측

일치를 필요로 하는 동사형태(정동사)'외에 '일치를 필요로 하지 않는 동사형태(부정동사)'와 또 다른 낱말들이 함께 결합하여 술어가 된다. 즉, 여러 성분으로 구성된 복합 술어들은 주어의 변화에 따라 변화하는 완전동사[Vollverb]로서의 정동사 이외에도 최소한 다른 하나 또는 여러 개의 변화하지 않는 동사 또는 다른 품사를 포함하여 술어를 구성한다. 복합/다항술어의 구성조합은 완전동사와

1) 조동사[Hilfsverb]와의 결합
2) 화법조동사[Modalverb]와의 결합
3) 문장가[Satzwert]가 없는 zu-원형부정사[zu-Infinitiv]와의 결합
4) zu 없는 원형부정사[Infinitiv]와의 결합
5) 과거분사[Form des Patizips Prefekt]와의 결합
6) 동사첨가어[Verbzusatz]와의 결합

등으로 구분될 수 있다. 이 과정을 거쳐 단순술어의 정동사가 다른 술어구성성분과 결합하여 복합술어로 변화되더라도 '일치를 필요로 하는 정형부분'은 문장의 두 번째 위치에 오고, '일치를 필요로 하지 않는 부정형부분'은 문장의 마지막 부분에 위치한다.

문장 내에서 어떤 문장성분들이 동원되고 또한 어떻게 변화되는지는 술어를 형성하는 동사의 특성에 따른다. 즉, 동사는 문장의 구성성분들이 어떻게 배열되어야 하는가에 대한 틀을 형성하는데 기준을 제시하는 역할을 한다. 따라서 문장술어는 〈주어가 어떤 상태에 있는가?〉 또는 〈주어가 어떤 과정에 놓여 있는가?〉 그리고 〈주어가 어떤 행위를 했는가?〉 또는 〈무슨 행위를 하고 있는가?〉 그리고 〈어떤 행위를 할 것인가?〉에 대한 대답형식으로 사용되는 것으로 이해된다. 이때 이런 대답형태의 의미와 특징 그리고 연관된 시간개념과 연계된

술어형태가 형성된다. 이런 술어는 포함하는 동사가 1개이면 그 숫자에 따라 단순/단항einteilig 그리고 2개 이상이면 복합/다항mehrteilig술어로 구분된다.

2.4.2.1 단순술어/단항술어

동사의 현재형과 과거형태가 단순/단항술어를 형성한다.

Sie ***schenkt*** ihm ein Buch.
그녀가 그에게 책을 선물한다.

⇒ Ein Buch ***schenkt*** sie ihm.
⇒ Ihm ***scenkt*** sie ein Buch.
Karl ***singt***.
카알이 노래한다.

Ich ***schreibe*** einen Brief.
내가 편지를 쓴다.

Ich ***schrieb*** einen Brief.
내가 편지를 썼다.

Wilhelm ***fuhr*** nach Frankfurt.
빌헬름이 프랑크푸르트로 갔다.

2.4.2.2 복합술어/다항술어

Sie ***schenkt*** ihm ein Buch: 단항술어
그녀가 그에게 책을 선물한다.

⇒ Sie ***hat*** ihm ein Buch ***geschenkt.*** : *다항술어*
⇒ Ein Buch ***hat*** sie ihm ***geschenkt***.
그녀가 그에게 책을 선물했다.

Karl *singt.* : 단항술어
카알이 노래한다.

⇒ Karl ***hat gesungen.*** : *다항술어*
카알이 노래했다.

Wilhelm *fuhr* nach Frankfurt. : 단항술어
⇒ Willhelm ***ist*** nach Frankfurt ***gefahren***. : *다항술어*
빌헬름이 프랑크프르트로 갔다.

여기 두 술어형태의 비교에서 파악이 가능하듯 복합/다항술어는 단순/단항술어에서의 정동사와 다른 술어부분의 조합으로 구성된다. 다른 술어부분에 해당하는 것으로는 ① 조동사,[36] ② 화법조동사, ③ 문장가 없는 〈zu〉 있는 부정사(zu-부정사), ④ 〈zu〉 없는 부정사(원

---

36 독일어 조동사 〈haben〉, 〈sein〉, 〈werden〉은 문장에서 다른 완전/일반 동사의 과거분사 또는 원형부정사와 함께 특정한 문법형태를 형성하고 내포의미와 화자관점을 표시한다.

<table>
<tr><td colspan="3">완료형태 표시 ⇒ 〈haben/sein〉 + 과거분사</td></tr>
<tr><td rowspan="3">완료형은 〈haben〉과 〈sein〉의
시간표시변화에 따라
과거/현재/미래완료로 구분된다.</td><td>과거완료</td><td>Ich hatte ein Brötchen gegessen.
나는 빵 1개를 먹었다.
Wir waren gelaufen.
우리는 걸었다.</td></tr>
<tr><td>현재완료</td><td>Ich habe ein Brötchen gegessen.
나는 빵 1개를 먹었다(그래서…).
Wir sind gelaufen.
우리는 걸었다(그래서…).</td></tr>
<tr><td>미래완료</td><td>Ich werde ein Brötchen gegessen haben.
(미래 그때까지)…빵 한개를 먹(었)을 것이다.
Wir werden gelaufen sein.
(미래의 그때까지) 우리는 걸(었)을 것이다.</td></tr>
<tr><td colspan="3">미래형태 표시 ⇒ 〈werden〉 + 동사원형</td></tr>
<tr><td colspan="3">Ich werde ein Brötchen essen. (지금은 잘 모르지만…)나는 빵 1개를 먹을 것이다.
Wir werden laufen. (미래니까 지금은 잘 모르지만…) 우리는 걷을 것이다.</td></tr>
<tr><td colspan="3">수동형태 표시 ⇒ 〈werden/sein〉 + 과거분사</td></tr>
<tr><td rowspan="2">수동형은 〈werden〉과 〈sein〉의
사용에 따라
행위와 상태수동으로 구분된다.</td><td>행위수동</td><td>Die Tür wird geöffnet.
그 문은 (누군가에 의해) 열렸다.</td></tr>
<tr><td>상태수동</td><td>Die Tür ist geöffnet.
그 문은 열려 있(는 상태)다.</td></tr>
</table>

형/순수부정사), ⑤ 과거분사, ⑥ 동사첨가어/전철 등으로 이해할 수 있다. 단항술어문장에 나타나는 정동사들은 다음과 같은 결합을 통해 구체적으로 실현된다.

① 조동사[Hilfsverb]와의 결합

시간(과거-현재-*미래*), 관점(단순-*완료*), 양태(능동-*수동*), 화법(직설-*가설*)을 표시하는 조동사 〈haben, sein, werden〉과 단항술어에서 사용된 완전/일반동사의 과거분사 또는 순수원형부정사가 결합하여 술어의 복합시제[Zusammengesetzte Tempusform]와 화법형태[Modusform]를 규정하는 형태이다. 술어구성요소는 아래의 순서로 나타난다.

조동사 + *과거분사 / 순수원형부정사*

Sie ***haben*** schon drittes Boot *gebaut.*
그들은 이미 세 번째 보트를 건조했다.

Plötzlich ***ist*** ein Stein *heruntergefallen.*
갑자기 돌 하나가 (아래쪽으로) 떨어졌다.

Inzwischen ***ist*** das Haus fertig *geworden.*
그 사이에 집이 완성되었다.

Sie ***wird*** unterdessen in Koln *eingetroffen sein.*
그녀는 그 사이에 쾰른에 도착해 있을 것이다.

Das ***würde*** ich mir noch einmal *überlegen.*
그것을 내가 더 한번 생각했었어야 했는데.

Sie ***wurden*** aus dem Haus *getragen.*
그들은 집에서 들려 나왔다.

Das Thema ***wurde*** wieder *aufgegriffen.*
그 주제가 다시 논의사항(의제)으로 채택되었다.

Ich ***habe*** meinen Freund *gesehen.*
나는 친구를 보았다.

Ich ***bin*** um 12 Uhr *heimgegangen.*
나는 12시에 집으로 갔다.

Ich ***werde*** um 4 Uhr *kommen.*
나가 4시에 오겠다.

이런 술어형태는 3항 또는 4항 문장술어로 확대될 수 있다.[37]

Karl ***wird*** seine Schularbeiten bereits *begonnen haben.*
카알은 (그 때면) 벌써 자기 숙제를 시작했을 것이다.

Er ***wird*** deshalb *gelobt werden.*
그래서 그는 칭찬 받을 것이다.

Auch ich ***wäre*** *gelobt werden*, wenn …
~했더라면 나도 역시 칭찬을 받았을 텐데.

---

37 능동태 완료표시 술어형태가 수동표시형태로 전환되면 3항 또는 4항 문장술어가 된다. 〈rufen: ~를 부르다〉 동사의 능동태 완료표시 술어형태의 수동태 술어를 〈나: ich〉-〈너: du〉를 기준으로 비교하면 다음과 같다.
〈ich **habe** gerufen ⇒ bin gerufen worden〉, 〈du **hast** gerufen ⇒ bist gerufen worden〉;
〈ich **hatte** gerufen ⇒ war gerufen worden〉, 〈du **hattest** gerufen ⇒ warst gerufen worden〉; 〈ich **werde** rufen ⇒ werde gerufen werden〉, 〈du **wirst** rufen ⇒ wirst gerufen werden〉; 〈ich **werde** gerufen haben ⇒ werde gerufen worden sein〉, 〈du **wirst** gerufen haben ⇒ wirst gerufen worden sein〉.
특히, 화법조동사를 포함하는 3항 술어가 부문장에 나타나는 경우와 〈zu-부정사〉와 함께 부문장을 형성하는 경우에는 정동사가 문장의 끝에 오는 일반적인 부문장 구조에서 벗어나 정동사가 중간영역에 가장 가까운 부분에 위치한다.
〈Er **hat** sie nicht **sehen wollen**.〉
⇒ 〈Sie war verärgert, weil er sie nicht **hat sehen wollen**.〉
〈Wir **hätten** das nicht **zu tun brauchen**.〉
⇒ 〈Er sagt, dass wir das nicht **hätten zu tun brauchen**.〉

Er ***wird*** deshalb *getadelt worden sein*, weil …
그는 그 것 때문에 비난을 받았을 것이다, 왜냐하면….

Er ***wird*** wohl nicht umsonst *gelobt worden sein*.
그는 아무 이유도 없이 칭찬받지는 않았을 것이다.

3항 이상의 술어동사는 주로 추정적인 의미를 포함하는 가정화법 의미를 표현하기 위해서만 나타나기 때문에 일상적인 언어화용면에서 볼 때 일상적 표현이라기보다는 오히려 인위적인 표현으로 인식되거나 어색하게 이해된다.

② 화법조동사^Modalverb^와의 결합

술어구성을 위해 함께 사용되는 동사의 의미를 섬세하게 규정하는 화법조동사로는 〈wollen, sollen, können, müssen, dürfen, mögen〉이 사용된다.[38] 이때 정동사는 〈zu〉가 없는 원형부정동사, 즉 순수원형

38 독일어 화법조동사는 근본적으로 완전동사지만(위 주석 5 참조) 문장에서 다른 완전동사와 함께 사용되어 그 동사의 의미를 섬세하게 규정함으로서, 문장이해 또는 이해의미^Lesart^의 종류와 방법을 제시한다. 화법조동사와 함께 술어를 형성하는 다른 동사는 원형/순수 부정사 형태로 문장의 끝에 위치한다.

화법조동사	1차 의미규정	내포의미
können	가능하다	가능성 있는 능력표시
dürfen	허락하(되)다	누군가에 의한 허락표시
müssen	해야 한다	본인에 기인한 필연성표시
mögen	좋아하다	성향표시, 공경어법 möchte
sollen	해야 한다	타인에 기인한 필연성표시
wollen	원한다	의지표시, 〈ich〉와 함께는 사용회피

화법조동사들은 화용의미와 화용경우에 따른 의미에 따라 다른 동사로도 대치되어 사용되기도 하고 과거형을 사용하여 다른 의미로 전의를 시도하기도 한다. 예를 들어 독일어 동사 〈brauchen〉은 조동사를 대신하여 사용될 수 있다. 이런

부정사로 변환되어 문장 끝에 위치해서 아래의 형태의 문장으로 실현된다.

화법조동사 + ***순수원형부정사***

Sie **wollen** schon drittes Boot *bauen.*
그들은 세 번째 보트를 건조하려한다.

Er **will** uns morgen *besuchen.*
그는 내일 우리를 방문하려 한다.

Das Buch **wollte** ich schon immer *lesen.*
나는 항상 그 책을 읽고 싶어 했었다.

Du **sollst** Vater und Mutter *ehren.*
네 부모를 공경해야 한다.

Es **soll** ihm *nützen.*
그에게 유익할거라고 하네요.

Vor den Ferien **sollten** wir noch eine Arbeit *schreiben.*
우리 방학 전에 아마도 필기시험 하나를 더 봐야 한단다.

경우에는 부정사와 함께 사용되며 다른 화용의미를 포함하게 된다.

Sie **muß** das nicht **annehmen**.
그녀는 그것을 수락해서는 안 된다.
Sie braucht das nicht anzunehmen.
그녀는 그것을 수락할 필요가 없다.
Ich mag sie.
나는 그 것/그 녀를 좋아한다.
Ich möchte sie.
나는 그것을/그녀를 (좋아하기 때문에/좋아하는 것은 물론이고) 원한다.

화법조동사 〈mögen〉의 과거형인 〈möchte〉는 마치 〈möchten〉을 원형으로 하고 주어의 격과 인칭 그리고 수에 따라 현재인칭변화하고 있는 동사처럼 이해되는 경우를 관찰할 수 있다. 이런 현상이 언어의 변화현상의 시작 또는 사회화현상은 아닐지 관심을 가지고 관찰해볼 필요가 있다.

Ich **konnte** vor Schmerzen nicht *schlafen.*
나는 통증 때문에 잠잘 수가 없었다.

Da **kann** man nichts *machen*!
어쩔 도리가 없네!

Er **muss** um 8 Uhr im Büro *sein.*
그는 8시 정각에 사무실에 출근해 있어야 한다.

Warum hat gerade mir so etwas *passieren* **müssen**?
왜 하필이면 바로 나에게 그런 일이 일어나야만 하나?

Es **muss/darf** wohl dreissig Leute sein.
아마 30여명쯤 될 거예요.

Darf ich heute nachmittag schwimmen *gehen*?
저 오늘 오후에 수영하러 가도 되요?

Du **darfst** Tiere nicht *quälen*!
동물을 괴롭히면 안돼요!

Er **mag** *tun*, was er will, es gelingt ihm nichts.
그는 자기가 원하는 것을 해도 잘 안 된다.

③ 문장가[Satzwert]가 없는 zu-원형부정사[zu-Infinitiv]와의 결합

㉮ 〈pflegen 돌보다/보존하다〉, 〈scheinen 빛나다/반짝이다〉, 〈vermögen 성취하다/성취시키다〉 등과 같은 동사들은 문장가를 가지지 않은 〈zu〉가 있는 부정형 동사(〈zu〉-부정사)와도 결합한다. 이런 경우 원래동사의 핵심의미범주에서 약간 벗어나 주어의 행동범위를 제한하는 한정적 의미로 사용된다. 따라서 이들은 〈pflegen 늘/항상 … 하다〉, 〈scheinen …처럼 보이다〉, 〈vermögen … 할 수 있다〉의 의미를 갖는다. 이때 〈zu〉-원형부정사는 문장 끝에 위치해서 아래 형태의 문장으로 실현된다.

pflegen + … + zu-Infinitv : (늘/항상)…(zu-부정사의 원형동사의미)하다

Er **pflegt** jeden Montag ins Theater *zu gehen.*
그는 항상 월요일마다 극장에 간다.

Wie man *zu sagen* **pflegt**, …
흔히 말하듯이, …

Sie **pflegt** zum Essen Wein *zu trinken.*
그녀는 식사 때 늘 포도주를 마신다.

scheinen + … + zu-Infinitv : …(zu-부정사의 원형동사의미)처럼 보이다

Er **scheint** meine Vorwürfe *zu entkräften.*
그는 나의 비난을 무력화(반박)하려는 것처럼 보인다.

Die Kinder **scheinen** fest *zu schlafen.*
아이들이 깊이 잠든 것처럼 보인다. = 잠든 것 같다.

Er **scheint** arm/geizig *zu sein.*
그는 가난/인색한(지나치게 아끼는) 것처럼 보인다.

Es **scheint** gut *zu werden.*
잘 (진행)되고 있는 것처럼 보인다.

vermögen + … + zu-Infinitv : …(zu-부정사의 원형동사의미)할 수 있다

Er **vermag** mich *zu trösten.*
그는 나를 위로할 수 있다.

Er **vermag** es nicht, mich *zu überzeugen.*
그는 나를 설득할 수 없었다.

㉯ 〈drochen 협박하다〉, 〈versprechen 약속하다〉 등과 같은 동사는 다른 문장구성요소와의 의미연관[Sinnzusammenhang]에 의존해서 이들이 동사부정원형으로 표현된 행위를 한정하는 것인지, 아니면 완전동사

Vollverb[Vollverb]로서 독자적인 문장성분가[Satzgliedwert]를 지닌 부정원형과 의미적인 대립관계에서 사용되는지를 구분해서 이해해야 한다. 이때 〈zu〉-원형 부정동사는 문장 끝에 위치해서 아래 형태의 문장으로 실현된다.

drochen + *zu-Infinitv* : …할 처지에 있다

Der Kranke **drohte**(= war in Gefahr) sich ein Leid *anzutun.*
그 환자는 고통을 당할 (위험한) 처지에 있었다.

(⇒ 주어의 행동범위를 제한하는 한정적 의미화용)

Er **drohte**(= sprach die Drohung aus), sich ein Leid *anzutun.*
그는 자신에게 고통을 가하겠다(자해하겠다)고 협박했다.

(⇒ 목적어 대신 독립 부정원형어군과 결합한 완전동사로 사용)

versprechen + *zu-Infinitv* : …을 기대하다

Er **verspricht** allem Anschein nach ein tüchtiger Kaufmann *zu werden.*
모든 현상으로 보아 그는 유능한 사업가가 될 것으로 기대된다.

(⇒ 주어의 행동범위를 제한하는 한정적 의미화용)

Er **verspricht**(= gibt das Versprechen), mir diesen Korb *zu bringen.*
그는 이 바구니를 나에게 가져다 줄 것을 약속한다.

(⇒ 목적어 대신 문자가를 가진 부정원형어군과 결합한 완전동사로 사용)

㉰ 〈glauben 믿다〉, 〈hoffen 희망하다〉, 〈wünschen 원하다〉, 〈fürchten 두려워하다〉, 〈bitten 요청하다〉, 〈[ver]suchen [시도하다]/찾다〉, 〈anfangen 시작하다/시작되다〉, 〈beginnen 시작하다/시작되다〉,

〈aufhören 끝나다/끝내다〉과 같은 동사들은 이런 두 가지 표현가능성, 즉 동사부정원형으로 표현된 행위를 한정하는 것인지, 아니면 완전동사[Vollverb]로서 독자적인 문장성분가[Satzgliedwert]를 지닌 부정원형을 선택하여 의미변화 없이 사용할 수 있다. 예를 들어, 〈그는 이 반증으로 나를 설득할 수 있다고 믿는다.〉는 의미를 가진 문장인

〈Er glaubt mich mit diesem Einwand zu überzeugen.〉

에서는 4격 목적어를 필요로 하는 완전동사로서 사용되었지만, 같은 의미를 가진 문장으로

〈Er glaubt, mich [mit diesem Einwand] zu überzeugen.〉

과 같은 문장이 재구성될 수 있다. 위 두 문장의 차이점은 동일한 구성요소로 형성된 문장에 콤마[Komma]를 삽입하여 4격목적어를 독립적인 부정사군[Infinivgruppe]으로 변화되도록 한 것이다. 이런 형태변화를 통해 정동사[finites Verb]의 지위를 더 이상 구분할 수 없는 모호한 화용영역이 드러난다. 이 영역은 이래의 예에서와 같이 '동사의 독립적 용법'에서 벗어나 '정동사와 부정원형의 결합을 통해 연속되는 행위가 병렬적으로 표현되는 용법'과 '정동사와 부정원형 결합형태가 동사의 한정적인 용법'이 겹쳐져 활용되는 분포로 이해된다.

Ich **gehe** in die Gesangstunde.
나는 성악시간에 간다.

(완전/일반동사의 독립적 용법)

⇒ Ich **gehe** *singen.*
나는 노래하러 간다.

(행위표시동사의 병렬 표현용법)

⇒ Ich **pflege** *zu singen.*
나는 늘 노래를 부른다.

Ich **kann** *singen.*
나는 노래할 줄 안다.

Ich **werde** *singen.*
나는 노래를 부를 것이다.

(동사의 한정적인 용법)

위의 예문에서 나타나는 정동사 영역의 모호한 의미겹침 현상은 〈brauchen 필요하다/필요로 하다〉 동사에서는 분명하게 드러난다.

Ich brauche Geld.
나는 돈이 필요하다.

(4격 목적어와 결합한 완전동사)

Ich brauche nicht zu kommen.
나는 갈 필요가 없다.

(동사의 한정적인 용법)

⇒ Ich habe es nicht nötig zu kommen.
⇒ Es besteht für mich keine Notwendigkeit zu kommen.
⇒ Ich muss nicht kommen.

여기에서처럼 〈brauchen〉 동사는 부정[Verneinung]하는 내용을 포함하는 경우 또는 〈nur〉와 〈bloss〉와 같이 제한의미를 표시하는 부사와도 함께로 사용된다. 이때 〈brauchen〉은 필요성이나 필요한 조건이 전혀 필요 없는 의미의 낱말과 함께 결합/상응하여 표현된다. 〈brauchen〉 동사가 〈zu〉 없는 순수 부정형과 결합하는 용법은 〈Ich brauche nicht kommen. 나는 갈 필요가 없다.〉와 같은 형태로 일상대화에서 많이 볼 수 있는데, 이때의 〈brauchen〉은 위의 예문 〈Ich muss nicht kommen.〉에서와 같이 〈muss〉와 동등하게 취급된 언어화용이 적용될 때 생성된다.

㉣ 〈zu〉-부정사 또는 순수부정사로 표현된 행동양상이 언제나 행위양상을 표현하거나 행위양상을 포함하는 의미를 지닌 동사와 함께 실현되는 것이 아니다. 다음의 문장들은 특정한 구조와 원형동사가 결합하여 실현되는 다양한 예를 보여준다.

Er **hat** *zu gehorchen.* (〈haben〉 + … + 〈zu〉-부정사)
그는 순종해야만 한다.

⇒ Er **muss** *gehorchen.*

Er **hat** gut *reden.* (〈haben〉 + … + 순수부정사)
그가 (관련되지 않아서) 말하기는 쉽겠지.

⇒ Er **braucht** keine Rücksicht *zu nehmen.*

Er **gibt** *zu verstehen,* … (〈geben〉 + … + 〈zu〉-부정사)
그가 ~을 이해한 것으로 표시한다.

⇒ Er **will** *verstanden haben.*
Niemand **weiss** *zu sagen*, ob … (〈wissen〉 + … + 〈zu〉-부정사)
아무도 …한지에 대해 말하지 못한다.

⇒ Niemand **kann** *sagen*, ob …

Was **machst** du dir an dem Auto *zu schaffen*?
(〈machen〉 + … + 〈zu〉-부정사)
자동차에 전력을 다해서 뭐 하려는 건데?

⇒ Was **willst** du an dem Auto *machen*?

Es **steht** *zu erwarten*, dass … (〈stehen〉 + … + 〈zu〉-부정사)
…을 기다려야 한다.

⇒ Es **muss** *erwartet werden.*

Die Arbeit **ist** *zu leisten.* (〈sein〉 + … + 〈zu〉-부정사)
일이 실행될 수 있다/되어야 한다.

⇒ Die Arbeit **kann/muss** *geleistet werden.*

Das Ergebnis **bleibt** noch *abzuwarten.*
(〈bleiben〉 + … + 〈zu〉-부정사)
결과는 아직 더 기다려야 나온다.

⇒ Das Ergebnis **soll/muss/kann** *abgewartet werden.*

④ 〈zu〉 없는 부정사Infinitiv와의 결합

정동사가 〈lassen …을 하도록 하다〉, 〈hören 듣다〉, 〈sehen 보다〉 등과 같은 동사를 통하여 생성되는 복합술어는 화법조동사와 결합하는 경우와 동일하게 〈zu〉 없는 원형부정사인 순수부정사가 문장의 끝에 위치하면서 복합/다항술어를 형성한다. (위 주석 4의 화법조동사Modalverb 참조). 원형부정동사/순수부정사는 문장 끝에 위치해서 아래 형태의 문장으로 실현된다.

lassen sich + … + ***순수부정사*** : …을 하도록 하다

Das **ließ sich** nicht *vermeiden.*
그것을 피할 수 없었다.

Meine Eltern **lassen sich** *scheiden.*
나의 부모는 이혼한다.

Er **lässt sich** nichts *sagen.*
그는 (다른 사람이/누가) 말하는 것을 허용치 않는다.

Ich habe mir *sagen* **lassen**, wie es passiert.
나는 일의 경과를 말하도록 했다.

hören + … + ***순수부정사*** : …을 듣다

Ich **höre** ihn *singen.*
나는 그가 노래하는 것을 들었다.

Ich habe ihn *kommen* **hören**.
나는 그가 오는 소리를 들었다.

Ich habe **sagen** *hören*, dass …
나는 …라고 말하는 것을 들었다.

sehen + … + ***순수부정사*** : …을 보다

Sie **sieht** mich *kommen.*
그녀는 내가 오는 것을 본다.

⑤ 과거분사^Form des Patizips Prefekt^와의 결합

수동의미를 포함하고 있는 동사 〈bekommen 받다〉, 〈erhalten 받다〉, 〈kriegen 받다〉, 〈gehören 속하다〉과 수동의미를 포함하지는 않는 동사 〈sein … 이다〉, 〈bleiben 머무르다〉, 〈stehen 서 있다〉, 〈geben 주다〉, 〈gehen 가다〉, 〈kommen 오다〉 등은 수동의미를 포함하는 과거분사와 결합하여 아래와 같은 수동의미를 내포하는 복합/다항술어를 형성한다.

bekommen, **erhalten**, **kriegen** + … + ***과거분사***

Er **bekam** Bücher *geschenkt.*
그는 책을 선물로 받았다.

Er **erhielt** das Buch *geschenkt.*
그는 책을 선물로 받았다.

⇒ Er erhielt das Buch als Geschenk.

Er **erhielt** das Buch *geschickt*.

그는 보내온 책을 받았다.

Sie **kriegte** die Blumen *geschenkt*.

그녀는 꽃을 선물 받았다.

gehören + ⋯ + ***과거분사***

Er **gehört** *eingesperrt*!

그는 (교도소에) 감금되어 있어야 한다!

bringen(가져오다) + ⋯ + ***과거분사***

Was **bringst** du da geschleppt?

야, 뭘 그렇게 (힘들게) 가져오니?

sein, bleiben, stehen, geben, gehen, kommen + ⋯ + ***과거분사***

Der Regen **ist** schnell wieder *abgetrocknet*.

비가 순식간에 다시 말라버렸다.

Das Kind **ist** in der Entwicklung *stehengeblieben*.

그 아이는 발육이 정지된 상태로 머물러 있다.

Bei den Fliegerangriffen **war** kein einziges Haus *stehengeblieben*.

공중폭격 때에는 단 한 채의 가옥도 온전하지 않았다.

Sein Brief **blieb** *unbeantwortet*.

그가 보낸 편지에 대한 회신은 없었다.

Seine Taten *werden unvergessen* **bleiben**.

그의 행위는 이쳐지지 않을 것이다.

Es **bleibt** a*bzuwarten*, ob sich der Erfolg einstellt.
좋은 결과가 있을지 기다려 보는 일이 남아있다.

Er **gibt sich** *gelassen.*
그가 침착하게 행동한다.

Er **geht** immer gut *gekleidet.*
그는 항상 옷을 잘 차려 입고 다닌다.

Er **ging** *geschwommen.*
그가 헤엄쳐 갔다.

Ein Vogel **kam** ins Zimmer *geflogen.*
새 한 마리가 방으로 날아 들어왔다.

Der Feind **kam** *angekrochen.*
적군이 기어서 왔다.

Das **kommt** mir sehr *gelegen.*
그것은 나에게 아주 적당하다.

⑥ 동사첨가어Verbzusatz와의 결합

낱말무리인 동사에 속하지 않으면서 술어를 형성하는 동사첨가어에는 ㉮ 동사의 분리전철/접두어, ㉯ 재귀대명사 그리고 ㉰ 관용구로 굳어진 〈es〉가 속한다.

㉮ 동사의 분리전철/접두어

독자적인 문장성분이 되지 못하는 따라서 문장의 앞쪽영역에 위치하지 못하는 동사의 분리 접두어는 동사의 부정형과 결합하여 한 낱말로 이해되는 비동사적 부분이다. 이들이 술어가 되는 단순/단항술어문장에서는 정동사 부분이 문장의 두 번째 구성성분위치에 나오는 것과는 달리 이들은 동사와 분리되어 문장의 끝에 위치해서 술어를 형성한다.

ab-drängen
Ich liess mich von meinen Platz nicht **ab**drängen.
나는 내 자리에서 밀려나지 않았다.

los-schlagen
Die Brüder schlugen aufeinander **los.**
그 형제들은 서로 치고 박고 싸웠다.

durch-arbeiten
In der Mittagspause arbeite ich **durch**.
나는 점심휴식 중에도 계속 근무한다.

mit-nehmen
Er soll sich den Regenschirm **mit**nehmen.
그 사람 우산가지고 가야 된단다.

이런 '동사의 분리전철/접두어'들은 '동사의 부정형/동사원형'과 결합하여 사용된다. 이들은 -아래 예시에서도 관찰할 수 있듯- 자립적 문장성분[Satzglied]이나 부분성분[Gliedteil]으로 기능을 하지 않는 또 다른 비동사 부분들과 함께 사용된다.

auf // recht-erhalten
Ich erhalte den Kontakt mit ihm aufrecht.
나는 그 사람과의 관계를 잘 유지하고 있다.

dank-sagen
Er sagte mir dank.
그가 나에게 고맙다고 말했다.

da // von-gehen
Sie ist für immer davongegangen.
그녀는 영원히 떠났다/영면했다.

gering-schätzen
Er schätzt sein Leben gering.
그 사람은 자기 생을 비천하게 여긴다.

heim-kehren
Die Arbeiter kehren von Feld heim.
노동자들이 들에서 귀가한다.

her // auf-ziehen
Ein Unwetter zieht herauf.
폭풍이 다가온다.

her // vor-holen
Er holt das Buch hervor.
그가 책을 끄집어 낸다.

hin // ein-gehen
Wollen wir ins Haus hineingehen?
우리 집안으로 들어갈까?

hin // unter-gehen
Ich gehe die Treppe hinunter.
내가 계단을 내려 간다.

tot-schiessen
Ich schiesse den Hasen tot.
내가 토끼를 쏘아 죽였다.

이런 접두어를 '독자적인 문장성분' 또는 '동사접두어'로도 구분할 수 있다. 이 두 개념을 구분하는 것은, 즉 이들을 언제 분리하여 사용하고 또 언제 결합해서 사용하는지에 대한 결정은 화자의 관점에 따라 결정된다.[39] 그럼에도 불구하고 '비동사 어휘'와 '동사원형'

39 일상적인 대화상황에서의 의사소통상황과 대화상대의 사회적 지위에 따른 언어화용은 화자가 결정하기 때문에 '독자적인 문장성분'과 '동사접두어'사이의 구분은 물론 이들의 결합과 분리사용에 대한 설명은 화자의 관점에 따라 유동적

이 결합하는 경우, 화자의 언어화용은 주로 사건의 경과를 중심으로 이루어지는 것을 관찰할 수 있는데, 이는 비동사 어휘가 분리 또는 비분리전철로서 '동사접두어Verbpräfix'로 판단되어 사용되는 것을 의미한다. 이런 현상은 '사건경과 중심표현현상'으로 실현되고 또 언어화용에 반영되어 나타난다. 예를 들어 목적어와 관련된 방법보충어를 포함하는 〈Ich schiesse den Hasen tot = den Hasen totschiessen〉와 부사적 공간보충어를 포함하는 〈Ich gehe hinunter = (die Treppe) hinuntergehen〉에서도 비동사 어휘가 분리 또는 비분리전철로서 '동사접두어'로 판단되어 사건경과를 중심으로 사용되는 의미현상을 확인할 수 있다.

㉯ 재귀대명사Reflexivpronomen

순수재귀동사echtes reflexives Verb의 재귀대명사는 술어에 귀속된다.[40]

Er schämt sich.
그가 부끄러워 한다.

이다. 따라서 이들의 관계가 어떻게 형성되는지에 대한 설명 또한 유동적일 수밖에 없다. 이는 술어를 통해 강조하려는 화자의 화용관점과 그 결정이 소통상황에 따라 유동적이기 때문이라 할 수 있다. 예문에서도 독자적인 문장성분으로도 구분될 수도 있는 〈tot, heim, gering, dank, da, recht〉 등과 같은 낱말들이 또 다른 '비동사 어휘'〈auf, von, vor〉와 결합하여 술어가 된다. 이들이 자립적 문장성분이나 부분성분으로 기능을 나타내지 않는 표현단위로 규정될 수 있는 것은 술어가 표시하는 '주어(누가/무엇이)의 상태나 과정 또는 결과'중에서 어느 것에 초점이 고정되는가와 관련이 있다. 이런 관점을 규정하는 것은 화자의 결정임에도 불구하고 '비동사 어휘'와 '동사원형'이 결합하면 사건의 경과를 강조하는 언어사용경향이 형성되는 것을 언어-사회적 집단 내의 언어사용에서 관찰할 수 있다.

40 왜냐하면 문장 조작실험, 특히 전이실험Verschiebeprobe을 통해 동사와 결합한 대명사는 개별 목적어로서 확인할 수 없기 때문이다(아래 2.4.3장 목적어 참조).

Er entschliesst sich zu dieser Tat.
그가 일을 하려고 결심했다.

Sie interessiert sich.
그녀가 관심을 갖는다.

㉰ 관용구로 굳어진 〈es〉

굳어진 표현, 예를 들어 〈es absehen auf jemanden od. etwas 누구의/무엇을 탐내다〉, 〈es mit jemandem aufnehmen 누구의/무엇과 겨루다〉 등과 같은 관용구 안에서의 〈es〉는 다른 대용어[Fürwörter]로 대체/교체/갈이되거나 전이[Verschieben]될 수 없기 때문에 술어로 간주한다.

Der Hund hat **es** auf das Huhn abgesehen.
그 개는 암탉을 엿보고 있었다.

Er hat **es** auf mein Geld abgesehen.
그가 내 돈을 탐냈다.

Das Mädchen hat **es** auf ihn abgesehen.
그녀는 그 사람과 결혼하려고 했다.

Der Chef hat **es** heute auf dich abgesehen.
네 주인이 오늘 계속해서 너를 헐뜯었다.

Er nimmt **es** mit seinem Gegner auf.
그는 싸움/경쟁을 시작했다.

Ich nehme **es** mit ihm Kontakt auf.
나는 그 사람과 접촉을 개시했다.

2.4.3 목적어[Objekt]

주어가 술어동사를 통해서 표시되는 문장내용을 기술하기 위한 형식적이고 기능적인 출발점이라면, 목적어는 그 도착점으로 이해할 수 있다. 목적어는 4격목적어, 3격목적어, 2격목적어 그리고 전치사목적어로 구분된다.[41] 목적어는 술어동사의 특징에 의해서 격이 정해지는 문장구성요소이다. 하지만, 드물게는 〈Ich **bin** ihm *einen größen Betrag* **schuldig**나는 그에게 많은 부채가 있다.〉에서와 같이 문장형용사 〈**schuldig**〉에 의해서도 결정된다.

2.4.3.1 4격목적어[Akkusativobjekt]

4격목적어는 'wen'이나 'was'로 묻는 질문에 대한 대답으로 사용된다. 형태에 따라서 4격목적어는 '명사', '대명사' 또는 '수사' 그리고 〈(zu-)부정형〉와 '부(분)문장' 등이 사용된다.

① 명사, 대명사 또는 수사

Ich werde **meinen Bruder** fragen, wenn ich **ihn** sehe
내가 그 사람을 만나면, 내 형의 안부를 묻겠다.

Ich wasche **mich**.
내가 세수한다.

---

41 앞 2.4.1장에서 주격으로 사용되는 성분이 주어가 아니고, 술어사슬의 성분으로 간주되면서 주어와 가깝게 연계되어 있는 문장요소를 동등주격이라고 한 것과 마찬가지로, 형태적으로는 목적격이면서 4격목적어와 가깝게 연계되어 있고 술어동사의 연계사슬성분을 동등목적격[Gleichsetzungsakkusativ]이라 한다. 동등목적격은 〈wen?〉과 〈was?〉 의미의 질문에 대한 대답을 형성하고, 〈Ich **nenne** ihn einen Lügner. 나는 그를 거짓말쟁이라고 칭한다.〉에서와 같이 〈nennen…라고 이름지어 부르다〉, 〈heißen …라고 칭한다〉, 〈schelten 화내/꾸짖다〉, 〈schimpfen 화내/꾸짖다〉 등과 같은 부류의 동사와 결합하여 사용된다. 또한 동등목적격은 일반적으로 목적어와 같은 수[Numerus]와 같은 격[Kasus]의 명사가 사용되지만, 다음과 같이 다른 성분으로 대치되기도 한다. a) 부문장: 〈Ich nenne ihn auch heute das, ***was ich ihn schon früher genannt habe***, nämlich einen Lügner. 내가 오래 전에 그렇게 칭했듯 요즘도 그를 사기꾼이라 지칭한다.〉 b) 부정사: 〈Das nenne ich *arbeiten.* 나는 그것을 "arbeiten"이라 칭한다.〉 c) 형용사: 〈Solche Konstruktionen nennt man *geometrische.* 그런 구조들을 기하학적 구조라고들 한다.〉.

Ich sehe **zwei**.
내가 둘을 본다.

② 〈zu-부정형〉과 〈lehren, lernen, helfen〉 + 〈순수부정형〉

Er beschloss **zu gehen**.
그는 가기로 결정했다.

Wir beabsichtigen, heute abend ins Theater **zu gehen**.
우리는 오늘 저녁에 극장에 갈 생각이다.

Fritz **lernt gehen**.
프릿츠가 걸음마를 배운다.

③ 부문장

Ich weiss, dass du fleissig bist.
나는 네가 부지런하다는 것을 알고 있다.

2.4.3.2 3격목적어[Dativobjekt]

3격목적어는 'wem'으로 묻는 질문에 대한 대답으로 사용된다. 형태에 따라서 3격 목적어는 '명사', '대명사' 또는 '수사'와 관계문장으로 사용될 경우에는 '부(분)문장'으로도 실현된다.

① 명사, 대명사 또는 수사

Ilse hilft **ihrer Mutter**.
일제가 그녀 어머니를 도와준다.

Karl winkt **mir**.
카알이 나에게 윙크한다.

Ich danke **Ihnen**.
나는 당신에게 감사드립니다.

② 부문장(관계문장으로 사용될 경우에만)

Er hilft, **wenn er helfen will**.

그는 도와주고 싶을 때만 돕는다.

2.4.3.3 2격 목적어[Genitivobjekt]

2격목적어는 'wessen'으로 묻는 물음에 대한 대답으로 사용된다. 2격목적어는 '명사', '대명사' 또는 '수사' 그리고 〈zu-부정법〉과 〈부문장〉으로 실현된다.

① 명사, 대명사 또는 수사

Wir gedanken **unserer** Toten.

우리는 고인이 된 사람들을 추모한다.

Wir bedürfen **deiner** Hilfe.

우리는 네 도움이 필요하다.

② 〈zu-부정법〉

Er konnte sich nicht enthalten **zu lachen**.

그는 웃음을 참을 수 없었다.

Er befleissigte sich, höflich **zu sein**.

그는 공손해지려고 애쓴다.

③ 부문장

Der Boxer rühmt sich, **dass er unschlagbar sei**.

그 복서는 패하지 않는다고 자만한다.

2.4.3.4 전치사목적어[Präpositionalobjekt]

전치사 목적어는 전치사로 이끌어지는 목적어로 술어동사의 연속으로 이해된다.

Ich kann **mich** nicht mehr **auf** ihn **erinnern**.
나는 그 사람을 더 이상 기억할 수 없다.

Er **besann sich** endlich **auf** sich selbst.
그는 마침내 제 정신으로 돌아왔다.

Auf wen / was **besinnt** man **sich**?
누구를 / 무엇을 생각하느냐?

전치사목적어는 다음과 같은 형태로 문장에 나타난다.

① 명사, 대명사 또는 전치사와 결합한 수사

Maria **denkt an** ihre Schwester.
마리아가 자기 누이를 생각한다.

Karl **erinnerte sich an** mich.
카알이 나를 기억했다.

② 〈zu-부정법〉

Otto **fürchtet sich zu** kommen.
오토는 오는 것을 두려워 한다.

Ludwig **schämt sich**, dieses Geschenk an**zu**nehmen.
루드비히는 이 선물 받는 것을 부끄러워한다.

③ 부문장

Ich **entsinne mich, dass** er damals in Frankfurt wohnte.
나는 그가 당시에 프랑크푸르트에 살았다는 것을 기억한다.

④ 대명사적 부사[Pronominaladverb]

Er hatte schon früher **darauf hingewiesen**.
그는 이미 이전에 그것을 암시했었다.

2.4.4 부사 규정어Adverbiale Bestimmung

부사로 구성된 낱말뭉치와 문장에서 부사적 기능을 갖는 다양한 낱말뭉치는 부사 규정어Advebial로 구분되는데 이들의 형태와 종류는 아래와 같다.

2.4.4.1 부사 규정어의 형태

부사 규정어의 기능을 포함하는 언어형태는 여러 가지가 있다. 이들 중에서 텍스트에서 가장 많이 나타나고 언어화용에서 관찰되는 형태는 다음과 같다.

① 불변화사

Karl wohnt **dort**.
카알은 저기에서 산다.

Inge kommt **bald**.
잉게는 곧 온다.

Die Tür ist **zu**.
문이 잠겨 / 닫혀 있다.

Das Spiel ist **aus**.
게임이 끝났다.

② 전치사구Präpositionalgefüge

Karl wohnt **auf dem Lande**.
카알은 시골에서 산다.

Inge kommt **in aller Frühe**.
잉게는 아침 일찍 온다.

Er arbeitet **mit Geduld**.
그는 끈기 있게 일한다.

③ 어형변화 하지 않은 형용사

Die Pferde laufen **schnell**.
말들이 빨리 달린다.

Inge ist **gut**.
잉게는 착하다.

Ich halte ihn für **gewissenhaft**.
나는 그 사람을 양심적인 사람으로 생각한다.

④ 'am'과 'aufs'와 결합한 최상급

Sie tanzt **am besten**.
그녀가 춤을 제일 잘 춘다.

Er begrüsste uns **aufs herzlichste**.
그가 우리에게 다감하게 인사했다.

⑤ 목적격 형태의 명사(부사적 목적격)

Er kommt **nächsten Montag** zu uns.
그는 다음주 월요일에 우리한테 온다.

Er arbeitet **den ganzen Tag**.
그는 하루 종일 일한다.

⑥ 〈zu-부정법.〉

Der Vater nimmt Urlaub, um sich **zu erholen**.
아버지가 휴식을 위해 연가를 냈다.

⑦ 분사군[Partizipialgruppe]

Singend kam er nahe Hause.
그가 노래를 부르며 집에 왔다.

Vor Freude **jubelnd**, liefen die Kinder davon.
기뻐 환호하며 아이들이 달려갔다.

⑧ 'als'나 'wie'와 결합하는 명사/대명사

Er fühlt sich **als Held**.
그 사람은 영웅처럼 느낀다.

Er fühlt sich **wie ein Gott**.
그 사람은 신인 양 한다.

⑨ 부문장.

Wilhelm ist zornig, **weil er das Spiel verloren hat**.
그가 게임에 져서 화나 있다.

2.4.4.2 부사 규정어의 종류

부사 규정어는 대략 시간표시, 원인표시, 방법표시 그리고 장소표시 부사어로 구분된다. 이들은 일반적으로 문장의 중간영역에 위치하고 이들이 2개 이상이 함께 나타나는 경우에는 시간[tempus]-원인[kasus]-방법[modus]-장소[lokal]-목적[final]표시 규정어의 순서로 나타나는 경향을 보인다.

① 시간 규정어[Zeitangabe]

시간 규정어는 〈wann 언제〉, 〈wie lange 얼마나 오래〉, 〈seit wann 언제부터〉, 〈bis wann 언제까지〉의 물음에 대한 대답으로 사용되는 부사어이다. 다양한 부사어가 함께 나오는 경우 부사어들의 맨 앞쪽에 위치하는 경향을 보인다.

wann : Otto besuchte mich **am späten Abend**.
오토가 나를 밤늦게 찾아왔다.

Florian ist **1985** geboren.
플로리안은 1985년에 태어났다.

wie lange : Er blieb **zwei Stunden**.
그 사람은 2시간 머물렀다.

Das Spiel dauert **neuzig Minuten**.
그 경기는 90분이 소요되었다.

wie oft : Er kommt **drei Tage** in der Woche.
그는 일주일에 3일 (일하러/집에) 온다.

seit wann : Dies hat er **seit langem** nicht mehr getan.
그는 오래전부터 이것을 더 이상하지 않았다.

bis wann : Er wäre **bis Mitternacht** geblieben.
그는 자정까지 머물러 있었으면 했는데.

시간 규정어는 주로 부사 '불변화사'와 '부사기능 전치사구' 그리고 '부사문장'으로 나타난다.

불변화사로서 -
Abends kam sie.
저녁에 그녀가 왔다.

부사기능 전치사구로서 -
Er besucht uns **in dieser Woche/ an ihrem Geburtstag/ am 3. Mai/ nächsten Monat**.
그는 우리를 이번 주에/ 그녀의 생일에/ 5월 3일에/ 다음 달에 방문한다.

규정문장으로 -
Sie war fünfzehn, **als ihr Vater starb**.
그녀의 아버지가 죽었을 때, 그녀는 15살이었다.

② 원인 규정어[Begründungsangabe]

원인 정어들은 다음과 같이 표시된다. 이들의 내용이 긴 경우에는 문장의 뒤쪽 영역에 위치하는 특성을 갖는다(위 2.2.3 참조).

→ 이유[Grund]와 근거[Ursache]를 나타내는 것으로

〈warum 왜〉와 〈weshalb 무슨 이유 때문에[kausal]〉의 대답으로 사용

Das Verbrechen geschah **aus Eifersucht**.
그 범죄행위는 질투로 인해 발생했다.

Das Mädchen zittert **vor Frost**.
소녀가 추위로 인해 떤다.

Der Tenor kann **wegen Heiserkeit** nicht singen.
테너 가수가 목이 쉬어 노래를 부를 수 없다.

원인 규정어는 주로 부사 '불변화사'와 '부사기능 전치사구' 그리고 '부사규정문장'으로 실현된다.

불변화사로서 -
Deshalb streiten wir uns.
그것 때문에 우리는 다툰다.

부사기능 전치사구로서 -
Aus diesem Grund hat sie ihn verlassen.
이 이유 때문에 그녀는 그를 떠났다.

규정문장으로 -
Gisela ist verzweifelt, **weil Valentin sie verlassen hat**.
발렌틴이 떠났기 때문에 기젤라는 절망하고 있다.

→〈in welchen Falle어떤 경우에?〉, 〈unter welcher Bedingung어떤 조건으로〉에 대한 조건부[konditional] 대답으로 사용된다.

Unter diesen Umständen kann ich nicht das genehmigen.
이런 상황에서는 내가 그것을 허락할 수 없다.

→ 결과konsekutiv를 표시하기 위해 사용된다.

Ich bin **zum Weinen** glücklich.
나는 울 정도로 행복했다.

Frank half Karin, **sodass sie sicher ins Boot gelangte**.
프랑크가 카린을 도운 결과 그녀는 안전하게 배로 올라탔다.

→ 목적Zweck으로 'wozu 무엇을 위해', 〈in welcher Absicht 어떤 목적으로final〉에 대한 대답으로 사용: 목적을 강조하는 경우에는 문장의 중간영역에 나타나는 부사어의 마지막에 위치한다. 즉, 목적이 강조되고 다양한 부사어가 함께 나오는 경우 부사어들의 맨 뒤쪽에 위치하는 경향을 보인다.

Wir fuhren **zur Erholung** an die See.
우리는 휴식을 취하기 위해 바닷가로 갔다.

목적 규정어는 주로 부사 '불변화사'와 '부사기능 전치사구' 그리고 '부사규정문장'으로 실현된다.

불변화사로서 -
Dafür hat er sein Leben geopfert.
그것을 위해서 그는 자기의 생을 희생했다.

부사기능 전치사구로서 -
Er hat nur **wegen des Geldes** gearbeitet.
그는 단지 돈을 위해서만 일했다.

규정문장으로 -
Klaus ist gekommen, **damit seine Mutter nicht allein ist.**
그의 어머니가 홀로 있지 않도록 하기 위해 클라우스가 왔다.

→ 〈trotz welchen Umstandes…에도 불구하고^{konzessiv}〉에 대한 대답으로 사용된다.

Trotz des Regens ging er spazieren.
비가 오는데도 불구하고 그는 산책하러 나갔다.

양보 규정어는 주로 부사 '불변화사'와 '부사기능 전치사구' 그리고 '부사규정문장'으로 나타난다.

불변화사로서 -
Trotzdem hat er verloren.
그럼에도 불구하고 그는 졌다.

부사기능 전치사구로서 -
Trotz intensiver Vorbereitung bestand er das Abitur nicht.
집중적인 준비에도 불구하고 그는 졸업시험에 합격하지 못했다.

규정문장으로 -
Obwohl Paula hart trainiert hatte, gewann sie das Spiel nicht.
파울라가 열심히 훈련했음에도 불구하고 게임에서 이기지 못했다.

→ 수단^{Mittel}/도구^{Werkzeug}표시 〈womit 무엇으로〉/〈wodurch 무엇으로^{instrumental}〉에 대한 대답으로 사용된다.

Er schlug den Nagel **mit einem Stein** in die Wand.
그가 벽에 못을 돌로 박았다.

Er klopfte **mit einem stumpfen Hammer** den Putz von der Wand.
그가 둔중한 해머로 벽에 붙어있는 마무리 벽을 벗겨냈다.

③ 방법 규정어^{Artangabe}

방법 규정어는 〈wie〉 또는 〈wie〉와 함께 연계된 예를 들어 〈wie

viel얼마나〉 등과 같은 의문에 대한 대답으로 사용된다. 방법 규정어는 주로 부사 '불변화사'와 '부사기능 전치사구' 그리고 '부사규정문장'으로 실현된다.

불변화사로서 -

Das hat sie **freiwillig/ gern** getan.

그녀는 그 것을 자발적으로/ 기꺼이 했다.

부사기능 전치사구로서 -

Mit großer Freude haben wir die Nachricht aufgenommen.

큰 기쁨과 함께 우리는 그 소식을 접했다.

Das Fundament wird **mit Beton** gefüllt.

기초는 콘크리트로 채워졌다.

규정문장으로 -

Sie tritt auf, **als ob sie die Größte wäre**.

그녀는 자기가 마치 큰 인물인 것처럼 등장한다.

개개 방법 규정어는 다음과 같이 사항별로 구별된다.

→ 성질[Beschaffenheit]과 질[Qualität] : 〈wie?〉

Karl singt **laut**.

카알이 큰 소리로 노래한다.

Inge ist **schön**.

잉게는 예쁘다.

Wilhelm spricht **in Rätseln**.

빌헬름이 이해할 수 없는 말을 한다.

Die Tür ist **zu**.

문이 닫혀 있다.

→ 양[Quantität] : 〈wie viel?〉

Otto arbeitet **genug**.
오토가 충분히 일한다.

Michael schläft **zu wenig**.
미카엘은 잠을 너무 조금 잔다.

→ 정도[Grad]와 강도[Intensität] : 〈wie sehr?〉

Wir kämpften **auf Tod und Leben**.
우리는 목숨을 걸고 싸웠다.

→ 진술타당성[Gültigkeit der Aussage]

Ich habe mich **vielleicht** geirrt.
아마 내가 잘못 생각한 것 같다.

Wahrscheinlich wird er heute nicht kommen.
아마도 그는 오늘 오지 않을 것 같다.

→수반되거나 결여된 상황 : 〈mit wem/womit/ohne wen/ohne was?〉

Mein Freund fährt **mit seinem Vater** nach Hamburg.
내 친구는 아버지와 함께 함부르크에 간다.

Ohne Taschenlampe werden wir den Weg in dieser dunklen Nacht nicht finden.
손전등 없이 우리는 이처럼 어두운 밤에 길을 찾을 수 없다.

→ 척도규정어[Massangabe]와 가치규정어[Wertangabe]

Diese Figur ist **aus Holz**.
이 형상은 나무로 만들었다.

Was hast du nur **daraus** gemacht?
너 그것으로 무엇을 만들었니?

→ 제한적인[restriktiv] 확대[Erweiterung]/축소[Einschränkung], 대립적인[adversativ] 반대[Gegensatz]

Der Wind wehte stark; es schneite **ausserdem/zudem** recht heftig.
바람이 강하게 불었다; 그 외에도 눈이 왔고/게다가 폭설이 내렸다.

Der Wind weht stark: **doch** kann man noch nicht von einem Sturm sprechen.
바람이 강하게 분다: 하지만 폭풍이라고 말할 수는 없다.

Er fährt gerne Auto: **hingegen** fliegt er ungern mit dem Flugzeug.
그는 자동차를 즐겨 탄다: 그와 반대로 비행하는 것을 싫어한다.

제한표시 규정어는 주로 부사 '불변화사'와 '부사기능 전치사구' 그리고 '부사규정문장'으로 나타난다.

불변화사로서 -
Beruflich war er sehr erfolgreich.
그는 직업으로는 매우 성공했다.

Gewohnheitsmäßig holte er sie vom Bahnhof ab.
습관적으로 그는 그녀를 기차역에서 데려왔다.

부사기능 전치사구로서 -
In diesem Punkt stimme ich deinem Vorschlag nicht zu.
이 관점에서 나는 네 제안에 찬성할 수 없다.

규정문장으로 -
Was ihre Leistungen in der Schule angeht, so wollen wir besser schweigen.
학교 성적과 관련된 내용이라면 우리는 차라리 침묵하려 한다.

④ 공간/장소 규정어[Raumangabe]

공간 규정어들은 〈wo〉, 〈wohin〉, 〈woher〉, 〈wie weit〉로 묻는 질문에 대한 답으로 사용된다.

wo : Karl wohnt **in Berlin**.
카알은 베를린에서 산다.

wohin : Wilhelm geht **ins Theater**.
빌헬름은 극장에 간다.

woher : Inge kommt **aus dem Schwimmbad**.
잉게가 수영장에서 온다.

Inge kommt **von der Chefin**.
잉게가 여사장님으로부터 온다.

wie weit : Peter wirft den Ball **bis an den Fluss**.
페터가 공을 강가까지 던진다.

사람이 장소 대신 사용되는 경우에는 〈bei wem〉 등을 사용한다.

Karl wohnt bei seinem Onkel.
카알은 자기 아저씨 집에서 살고 있다.

공간 규정어는 주로 부사와 부사기능 전치사구 그리고 부사규정문장으로 나타난다.

불변화사로서 -
Sie wartet **oben/ draußen**.
그녀는 위에서/ 밖에서 기다렸다.

부사기능 전치사구로서 -
Das Haus steht **auf dem Berg/ am Fluss**.
그 집은 산 위에/ 강가에 서 있다.

규정문장으로 -

Er lebt da, **wo wir noch nie waren.**

그는 우리가 한 번도 가보지 않은 그곳에 살았다.

3. 개별 문장의 구성유형

위에서 우리는 문장 내에서 서로 구분되는 문장부분인 문장구성요소들이 어떻게 문장들을 형성하는가를 문장영역을 중심으로 살펴보았다. 이어서 문장영역에 나타나는 문장구성요소들의 내면구조와 개별적인 문장구성성분에 대해 살펴보았다. 여기에서는 문장의 구조성, 즉 무한하게 존재하는 문장의 배후에 유한한 숫자로 제한해서 기술할 수 있을 것으로 추정되는 문장구성유형[Satzbaupläne]에 대해 관찰하기로 한다.

문장구성유형을 유한하고 개관할 수 있는 숫자의 기본 형태로 설정할 수 있는 가능성과 그 이유의 핵심은 '결합가[Valenz/Wertigkeit]' 개념이다. 동사와 문장구성요소들과의 관계를 설명하는 '결합가' 개념은 하나의 문장에서 문장성분들에 의해 채워지는 특정 위치를 열어놓은 동사의 능력을 말한다.[42] 예를 들어 〈Sie schenkt ihm ein Buch. 그녀는 그에게 책을 선물로 준다.〉라는 문장에서는 술어동사인 〈schenken〉이 '선물한다'는 언급에 대한 주체(주어)를 위해 하나의 자리를 비워두고, 선물을 받을 사람/대상에 대한 3격목적어를 위해서도 하나의 자리를 비워두며, 선물명칭에 대한 4격목적어를 위해서도 역시 자리 하나를 비워두는 술어동사의 특성을 말한다.[43]

---

42 'Valenz[결합가]'라는 표현은 화학의 원자모델에서 나타난다. 화학에서는 원자가[Valenzz/Wertigkeit]로 원자의 능력을 표시하고, 일정한 숫자의 원자가 분자로 결합하거나 다른 원자로 대치되는 현상을 내용으로 한다. 이런 기초적 개념이 문법으로 전이되어 '동사'를 중심으로 적용 되면서, '동사'는 보충어가 없이 사용되는 경우(Es regnet), 1개의 필수보충어가 필요한 경우(Ich lese = Subjekt), 2개의 필수보충어가 필요한 경우(Sie betrachtet das Bild = Subjekt + Akkusativobjekt) 그리고 3개의 필수보충어가 필요한 경우(Sie stellt die Vase auf den Tisch = Subjekt + Akkusativobjekt + Richtungsadverbiale) 등으로 필요한 경우[obligatorisch]를 중심으로 분류된다.

43 술어중심관점에서 볼 때 이런 술어동사를 문장구성요소로 분류해야 하는지에

이런 '결합가' 개념은 두 가지 관점으로 기술될 수 있다.[44] 위의 예문 〈Sie schenkt ihm ein Buch.〉를 한편으로는 '주어', '3격목적어', '4격목적어'와 같은 기능표시를 중심으로, 다른 한편으로는 선물하는 사람[Schenkender], 선물을 받는 사람[Beschenkter], 선물[Geschenk]과 같은 의미표시를 중심으로 기술할 수 있다. 여기에서는 문장의 형태와 의미에 중점을 두고 '결합가' 개념을 언어화용을 위해 단순화시킨 관점에서 기술한다. 이는 동사어휘사슬[verbale Wortkette]이 문장을 형성할 때 이 동사어휘사슬에 적합한 의미와 형태적 전형[Muster]을 동시에 파악하고 응용하는 것에 중점을 둔 것을 의미한다. 따라서 다음 3가지 개념을 바탕으로 한다.

① 문장구조의 중심은 동사로 구성된 술어이다. ② 문형들은 술어의 필수-임의적인 보충어를 통해서 설정된다. ③ 동사와 결합하지 않는 성분들은 임의의 문장성분으로 기능을 한다.

대한 갈등적 논의가 야기될 수 있다. 이에 대해서는 위 주석 31과 34를 참조.

44 필수적인 경우를 중심으로 하는 '결합가'에 대한 문법논의가 새롭게 정립되면서 그 이전의 'Rektion[격지배]' 개념을 대신하게 된다. '격지배' 개념을 기반으로 하는 동사구분에서의 자동사[intransitive Verben]와 타동사[transitive Verben]의 구분, 즉 타동사는 4격 목적어와 결합하고, 4격 목적어를 갖지 않는 동사는 자동사로 분류된다. 이는 자동사가 갖는 4격 이외의 다른 격이 필수적인지 아니면 생략이 가능한지에 대한 설명이 미흡함을 포함한다. 구체적으로 타동사가 아닌 나머지 자동사들은 2격, 3격 또는 전치사격 목적어를 가질 수 있음을 또는 목적어를 갖지 않음을 의미한다. 이 경우 'Rektion[격지배]' 개념을 바탕으로 한 기술에는 이들이 갖는 목적어들이 필수적인지 또는 선택적인지에 대한 설명이 미약하다. 언어 외 영역-보편영역의 '결합가'에 대해서는 Helbig, G./Schenkel, W.(1978: 65)를 참조. 형식문법에 따른 문장성분의 기술과 기능에 따른 문장성분의 구분에 대한 개관은 위 주석 27을 참조.

① 문장구조의 중심은 동사로 구성된 술어이다.

문장에서 얼마나 많은 문장구성요소가 나와야 하는가와 문장구성요소가 나올 수 있는 빈자리들이 어떤 의미적 구성체로 채워져야 하는가는 동사에 의해 결정된다. 따라서 모든 동사는 의미적으로 언제나 보충결핍성을 내포하고 있다.

문법적으로 개별 문장의 형태는 동사의 필요에 따라 개별 문장의 자리가 배열되는 기본적인 문형^Satzplane^들이 설정된다. 따라서 문장들 내에는 꼭 있어야 하는 자리와 있을 수도 있는 자리의 주인들이 존재한다. 문법적으로 꼭 있어야만 하는 부분요소를 필수보충어^konstitutive Angabe^라 하고, 다른 것을 임의 보충어^fakultative Angabe^라 한다. 필수-임의적 보충어와 문장술어는 술어집단/술어부(분)^Prädikatsverband/Prädikatsteil^ [VP ⇒ V + (PP + NP + S)]를 형성한다(독일어 '낱말뭉치/구'에 대해서는 위 주석 3 참조). 다음 문장을 관찰해보자.

> Der Gärtner bindet *die Blumen.*
> 정원사가 꽃을 묶는다.
>
> Der Bauer pflügt (den Acker) (mit Ochsen).
> 농부가 (농지를) (소를 이용해서) 쟁기질 한다.

첫째 문장에서 문장술어 〈binden 묶다〉의 4격목적어는 꼭 있어야하기 때문에 필수적인 보충어이고, 〈pflügen 쟁기질하다〉 동사는 구성성분인 4격목적어인 〈den Acker 농지를〉가 없이도 그리고 역시 〈mit Ochsen 소를 이용해〉이 삭제된 문형도 만들 수 있기 때문에 〈den Acker〉와 〈mit Ochsen〉은 임의적 보충어로 이해된다. 이런 필수적인 보충어 그리고 임의적인 보충어와 동사가 함께 술어부인 VP를 구성한다.

[Der Gärtner]$_{NP}$ [[bindet]V [*die Blumen*]NP]$_{VP}$.
[Der Bauer]$_{NP}$ [[pflügt]V [(den Acker)]NP [(mit Ochsen)]PP]$_{VP}$.

② 독일어 문형들은 술어동사와 술어의 필수 또는 임의적 보충어를 통해서 설정된다.

보충어는 부분적으로는 다른 문장구성요소들과 일치하고, 경우에 따라 부분적으로는 의미적 관점에서의 보충어 규정에 대한 경계를 벗어나기도 한다. 문형을 구성하는 개별 보충어는 다음과 같이 구분될 수 있다.

주어^Subjekt
동등주격^Gleichsetzungsnominativ
목적어^Akkusativobjekt
동등목적격^Gleichsetzungsakkusativ
3격목적어^Dativobjekt
2격목적어^Genitivobjekt
전치사목적어^Präpositionalobjekt
부사보충어^Adverbiale Ergänzung[45]
공간보충어^Raumergänzung
시간보충어^Zeitergänzung
방법보충어^Artergänzung
이유보충어^Begründungsergänzung

45 '공간보충어', '시간보충어', '방법보충어' 및 '이유보충어'들은 문장의 구성요소인 '부사 규정어^Adverbiale Bestimmung'와 의미관점에서 일치한다. 문장형용사^Satzadjektiv와 문장불변화사^Satzpartikel가 의미적 관점에서는 분할되는 것이 필요하다. 여기에서 문장형용사는 '방법보충어^Artergänzung'에 속하는 것으로 본다. 이와 관련해서는 위 2.4.4의 '부사규정어'를 참조.

③ 구성성분인 보충어와 함께 술어부분에서 동사와 결합하지 않는 성분들이 나올 수 있는데, 이런 성분들은 임의의 문장성분으로 기능을 한다.

임의의 문장성분들은 '시간', '장소', '방법'과 '이유'와 관련 있는 부사적인 서술을 주도 한다. 따라서 이를 '부사규정어Adverbiale Bestimmung' 라 한다(위의 2.4.4장 참조). 이들은 위의 '부사보충어'와 형태상으로 일치한다.

Der Gärtner bindet die Blumen [am Abend/ im Gewächshaus].
정원사가 꽃을 저녁에/ 온실에서 묶는다.

이런 임의 보충어는 문장의 임의적 확장부분이고 기본적인 문형과는 무관한 것으로 이해한다. 이에는 목적어로 취급되지 않는 '임의의 3격freier Dativ' 도 포함된다. 임의의 3격은 'für + 대명사'로 대치될 수 있다.

Er ist ***mir*** ein lieber Freund.
그는 *나에게* 다정한 친구다.

⇒ Er ist ein lieber Freund für mich.

Die Zeit verging ***uns*** schnell.
우리에게 시간은 빨리 지나갔다.

⇒ Die Zeit verging schnell für uns.

Du bist ***mir*** ein hübschen Kerl.
너는 *나에게는* 귀여운 녀석이다.

⇒ Du bist ein hübschen Kerl für mich.

Komm ***mir*** ja nicht zu spät!
늦지 않게 *나에게* 오렴!

⇒ Komm ja nicht zu spät für mich!

소유의 3격[Pertinenzdativ]은 항상 3격과 관계하는 보충어에서 신체부위[Körperteil]를 지칭할 때나 넓은 의미에서 '소속성관계[Zugehörigkeitsverhältnis]'를 나타내는 보충어에서 지칭될 때 사용된다.

Der Regen tropft ***mir*** auf den Hut.
빗방울이 내 모자위에 떨어진다.

⇒ Der Regen tropft auf meinen Hut.

Rehe laufen ***mir*** über den Weg.
노루들이 내 앞길로 달려간다.

⇒ Rehe laufen über meinen Weg.

아래에 소개되는 독일어 문장구성유형[Satzbaupläne]들은 1. [주어]$_{\text{Subjekt}}$ 이외의 다른 보충어가 없는 경우, 2. [주어]$_{\text{Subjekt}}$ 이외의 다른 보충어가 1개 있는 경우 그리고 3. [주어]$_{\text{Subjekt}}$ 이외의 다른 보충어가 2개 있는 경우의 문형으로 구분하여 기술된다. 여기에 나타나는 개별 보충어들은 위의 ②에 나타나듯 술어를 중심으로 〈주어〉, 〈목적어〉, 〈부사보충어〉 등으로 기술하고, 문장성분 위치의 의미적 특성에 대한 지적은 그것이 화용론적인 상세구분을 위해 도움이 될 때만 기술했다. 그리고 억양[Intonation]과 어순[Wortstellung]는 고려하지 않았다.

3.1 [주어]Subjekt 이외의 다른 보충어가 없는 문장

Die Rosen blühen.
⇒ [[Die Rosen]Subjekt [blühen]VP]

문장의 첫째 성분 〈Die Rosen장미들〉은 문장주어이다. 이런 문장 성분영역에서는 주격으로 사용된 [무엇인가]가 시제를 기반으로 보완되거나 설명되어야 하기 때문에, [주어]에 대해 기술되어야 할 내용은 비어있게 된다.

[Die Rosen]Subjekt ….?
장미들은/이

[Der Vater]Subjekt ….?
아버지가/는

[Die Schöheit]Subjekt ….?
아름다움이/은

[[주어]가 뭐/어떻게?]로 표현될 수 있는 문장구성에서 [뭐/어떻게?]의 보완가능성 또는 실제 사실내용인 [[주어]가 뭐/어떻게?] 사이에 주어에 관한 서술필요성이 형성된다. 이때 서술을 위한 술어형태를 통하여 무엇이 주어에게 적합한지를 결정한다.

[[Die Rosen]Subjekt 어떤 상태로 있는가?]
- 〈blühen 피어난다〉, 〈verblüchen 지다〉

[[Der Vater]Subjekt 무엇을 하나?]
- 〈arbeitet 일한다〉, 〈schlafen 자다〉

[[Die Schöheit]Subjekt 어떤 변화가 생겼나?]
- 〈vergeht 사라진다〉, 〈sich verändrn 변하다〉

이를 통해 술어는 문장의 토대를 마련하는 가장 중요한 성분임이 드러나고, 이때 주어는 술어동사(정동사)의 인칭^{Person}과 수^{Zahl}를 규정하는 힘을 지니고 있다. 예를 들어

[[Der Vater]$_{\text{Subjekt-3인칭/단수}}$ [arbeite***t***]$_{\text{VP-3인칭/단수}}$] - 3인칭/단수
[[Die Schönheit]$_{\text{Subjekt-3인칭/단수}}$ [vergeh***t***]$_{\text{VP-3인칭/단수}}$] - 3인칭/단수
[[Die Rosen]$_{\text{Subjekt-3인칭/복수}}$ [blüh***en***]$_{\text{VP-3인칭/복수}}$] - 3인칭/복수

와 같이 주어와 술어동사의 일치를 통하여 문장은 낱말 형태적으로도 조화를 이룬다.

이러한 형태로 보충어가 없는 문장은 오로지 술어를 통해서만 문장이 구성되고 이에 따른 문장구성유형^{Satzbaupläne}으로 규정된다. 일반적으로 주어가 다른 무엇인가와 전혀 관계없이 오직 ① 주어에 자신에 의해서만 실현되고, ② 주어 자신에 의해 성취되며, 또한 ③ 주어의 상태를 기술하거나 ④ 비인칭 주어를 허용하는 동사들은 보충어가 필요 없는 술어를 형성한다. 이를 정리하면 다음과 같다.

① 주어에 자신에 의해서만 실현되는 사건을 표시하는 동사

→ 주어가 실현하는 것을 표시하는 동사

Er früstück/ 그가 아침식사를 한다.
skatet/ 스카트 카드놀이를 한다.
geigt/ 바이올린을 연주한다.
fischt/ 낚시를 한다.
musiziert/ 음악을 연주한다.
experimentiert. 실험한다.

→ 주어의 비교적인 행위를 표시하는 동사

Er büffelt/ 그가 외곬 수로 공부만 한다.
hamstert/ 매점(사서 저장)한다.
maust/ 좀도둑질 하다. (동물이)쥐를 잡는다.
vagabundiert/ 방랑생활을 한다.
sächselt/ 작센발음을 한다.
berlinert. 베를린발음을 한다.

→ 주어가 생산하는 것을 표시하는 동사

Er filmt/ 그가 촬영한다.
mauert/ 담을 쌓는다.
blutet/ 피를 흘린다.
buttert. 버터를 만든다.
Die Glöcke tönt. 종이 울린다.
Die Kuh kalbt. 암소가 송아지를 낳는다.

→ 주어가 어떤 일에 종사하는 것을 표시하는 동사

Er schneidert/ 그가 재단사 일을 한다.
kellnert/ 웨이터를 한다
tischlert/ 목공일을 한다
schriftstellert. 저작활동을 한다.

→ 주어가 무엇을 이용하여 하는 행위를 표시하는 동사

Er paddelt/ 그가 (카누)노를 젓는다.
rudert/ (조정)노를 젓는다.
hämmert/ 망치질한다.
trommelt. 북을 친다.

→ 주어의 행동을 표시하는 동사

Er singt/ 그가 노래한다.
lacht/ 웃는다.
scherzt/ 농담을 한다.

blödelt/ 어리석은 말을 하다
frömmelt. 경건한체 한다.

→ 주어의 행위가 공간과 연계된 사건을 표시하는 동사

Er fensterlt. 그가 창문을 넘는다. 월장을 한다
Die Ente gründelt. 오리가 물밑의 먹이를 찾는다.

② 주어 스스로 실행하는 사건을 표시하는 동사

→ 상태의 변화를 표시하는 동사

Er erwacht/ 그가 잠에서 깨어난다.
errötet/ (부끄러워서)얼굴이 붉어지다.
verarmt/ 가난해지다.
verstummt/ 입을 다물다.
verwaist. 고아가 되다.
Das Wasser verdampft/verdunstet. 물이 증발한다.
Der See friert zu. 호수가 언다.
Das Eisen rostet. 쇠가 녹슬다.
Der Käse schimmelt. 치즈가 곰팡이 슬다.

→ 인간의 감각을 표시하는 동사 :

Er hungert/ 그가 굶주리다.
dürstet/ 목마르다
wütet/ 화내다
trauert/ 슬퍼하다
zweifelt/ 의심하다
ängstigt sich/ 불안해떨다
sorgt sich/ 걱정하다
fröstelt. 한기나다.

→ 죽음의 원인을 표시하는 동사

Er verhungert/ 그가 굶어죽는다.

verdurstet/ 목말라 죽는다.
erfriert. 얼어 죽는다.

→ 바뀌었거나 〈verkehrt〉 잘못된 〈falsch〉 뜻을 표시하는 동사

Er verspricht sich/ 그가 실언을 한다.
verschluckt sich/ 잘못 삼켰다.
verschreibt sich/ 잘못 쓰다.
verliest sich/ 잘못 읽다.
vertüt sich/ 실수하다.
verhört sich. 잘못 듣다.

→ 끝까지〈bis zum Ende〉를 표시하는 동사

Äpfel verfaulen. 사과가 폭삭 썩었다.
Eisen verrostet. 쇠가 녹슬었다.
Brot verschimmelt. 빵이 곰팡이 슬었다.

③ 주어의 상태를 표시하는 동사

Die Wiese grünt. 초원이 (파랗게 되면서) 푸르다.
Das Pferd lahmt. 말이 (마비되어) 절름거리다.

④ 비인칭 주어와 결합하는 동사

→ 비인칭 주어 〈es〉와 함께 날씨를 표시하는 동사

Es schneit/ 눈이 온다.
regnet/ 비가 온다.
donnert/ 천둥이 울린다.
friert/ 추어져서 언다.
nieselt. 보슬비가 내린다.

비인칭 주어 〈es〉와 결합한 문장에서는 '행위' 또는 '사건의 서술 대상'이 그 자체를 표시하는 경우가 대부분으로 이때는 '성장을 표

시하는 동사', '소리를 표시하는 동사' 그리고 '인지를 표시하는 동사'들이 사용된다.

Es grünt. 푸르러지다.
Es blüht. 꽃이 피다.
Es sprießt. 발아하다.
Es raschelt. 바스럭 거리다.
Es knistert. 바스럭 대다.
Es klopft. 노크하다.
Es stinkt. 구릿내 나다.

3.2 [주어]$_{Subjekt}$ 이외의 다른 보충어가 1개 있는 문장

① Subjekt + Prädikat + Akkusativobjekt

Der Gärtner bindet die Blumen.

[[Der Gärtner]$_{Subjekt}$ [[bindet]$_{V=Prädikat}$ [die Blumen]$_{Akkusativobjekt}$]$_{VP}$]$_{S}$

정원사가 묶는다 그 꽃들을

이런 종류의 문장들은 보충어가 없는 문장들과 대립적이다. 주어 이외의 다른 보충어가 없는 문장에서는 술어가 표시하는 행위/사건이 주어 자체에 귀속되지만, 이런 문장구성유형^{Satzbaupläne}에서는 술어가 표시하는 주어의 행위/사건이 '[[주어]가 뭐/어떻게?]의 행위/사건'으로 표현될 수 있기 때문에 문장구성상 4격목적어와 직접적인 관련성을 갖게 된다.

[Der Gärtner]$_{Subj.}$ ⇒ [bindet]$_{Prädikat}$ ⇒ [die Blumen]$_{Akkusativobjekt}$

정원사가 묶는다 그 꽃들을

이런 주어와 목적어간의 상관관계는 수동문장일 때 더 확연하게 드러난다.

[Die Blumen]$_{Subj.}$ ⇒ [werden]$_{Prädikat1}$ ⇒ ([vom Gärtner]) ⇒

그 꽃들은 정원사에 의해

[gebunden]$_{Prädikat2}$

묶였다$_{p1 + 2}$

이런 문장구성유형Satzbaupläne에서는 4격목적어는 '사물과 관련된 내용'을 표현하는 경우와 '사람과 관련된 내용'을 표시하는 동사들에서 그 관계를 더 확연하게 확인할 수 있다.

① 사물과 관련된 내용을 표현하는 경우

bauen : Er hat (sich/für sich) ein Haus gebaut.
그가 자기가 살 집을 지었다.

schärfen : Sein Sinn für Schönheit hat sich geschärft.
그의 미적 감각이 예리해졌다.

ankleiden : Sie kleidet sich für den Theaterbesuch an.
그녀는 극장에 갈 옷을 입었다.

bepflanzen : Ich bepflanzte den Blumenkasten mit den Blumen.
내가 꽃을 심었다.

buchstabieren : Der Schüler hat das Wort buchstabiert.
학생이 낱말의 철자를 읽었다.

erkämpfen : Er erkämpfte den Sieg/eine Goldmedaille.
그가 승리를/금메달을 획득했다.

gewinnen : Er gewann 5,000 € in der Lotterie.
그는 로토에서 5,000유로를 탔다.

verschicken : Der Arzt vershickte einen Kranken zur Kur.
의사가 환자를 요양소에 보냈다.

verschenken : Er verschenkt den Sieg.
그는 승리할 수 있는 기회를 놓치고 패했다.

verkleben : Wir haben alle Tapetenrollen verklebt.
우리는 벽지 두루마리 모두를 붙였다.

erlernen : Ich erlernte die Welt.
나는 세상을 알게 되었다.

füllen : Der Wirt füllt die Gläser.
주인이 잔을 채웠다.

gewinnen : Der Saft wird aus reifen Früchten gewonnen.
주스는 잘 익은 과일로 만든다.

haben : Ihr habt Erfahrungen auf diesem Gebiet.
너희들은 이 분야에 경험이 있다.

jagen : Der Hund jagt den Hasen.
개가 토끼를 뒤쫓는다.

tippen : Wir tippen jede Woche.
우리는 매주 복권을 산다.

tragen : Die Frau trug einen blauen Mantel und einen weissen Hut.
그 부인은 파란색 외투에 흰 모자를 입었다.

umstellen : Die Polizei umstellt das Haus.
경찰이 그 집을 포위했다.

verbinden : Ein Tunnel verbindet beide Flussufer.
터널이 두 강변을 연결시킨다.

② 사람과 관련된 내용을 표현하는 경우

beneiden : Er beneidet mich um meinen Reichtum.
그가 내 재산을 부러워한다.

Er beneidet mich wegen meiner Fähigkeiten.
그가 내 능력을 부러워한다.

grüßen : Sie grüßen sich nicht mehr.
그들은 이제 서로 인사하지 않는다.

hassen : Sie haßte mich heimlich.
그녀는 나를 은근히 증오했다.

lieben : Sie liebt mich von ganzen Herzen.
그녀가 나를 진심으로 사랑한다.

Diese Pflanze liebt sandigen Boden.
이 식물은 모래땅에서 잘 자란다.

bedienen : Ich bediene sie vorn und hinten.
나는 그녀를 위해 모든 궂은일을 다한다.

befremden : Seine Worte befremdeten mich.
그의 말은 나를 낯설게/불쾌하게 했다.

narren : Er narrt mich. = Er hat mich zum Narren halten.
그는 나를 바보 취급한다.

erschiessen : Er hat sich mit einer Pistole erschossen.
그는 권총으로 자살했다.

ängstigen : Ein unheimlicher Traum ängstigte ihn.
섬뜩한 꿈이 그를 겁나게 하였다.

beschämen : Deine Worte beschämten mich.
네 말은 나를 창피하게 했다.

erfrischen : Die Rast und der Kaffee hat den Fahrer erfrischt.
휴식과 커피가 운전자를 다시 상쾌하게 했다.

vertreiben : Seine Unfreundlichkeit hat die Kundschaft vertrieben.
그의 불친절이 손님들을 쫓아냈다.

erretten : Er hat mich vor dem Ertrinken errettet.
그가 나를 익사직전 구해 주었다.

이미 언급한 것과 같이 술어동사와 4격목적어와의 관련성은 문장이 수동형태를 보일 때 잘 드러난다. 하지만 수동[Passiv]으로의 전환은 가능하지만 의미구분이 난해한 경우가 있다. 다음 문장을 보자.

Ich wasche das Kind. - Das Kind wird von mir gewaschen.
내가 그 아이를 씻겨준다. - (수동의미: 아이가 나에 의해 씻겨 진다.)

Ich wasche mich. - Ich werde von mir gewaschen.
내가 나를 씻는다. - (수동의미: 내가 나에 의해 씻겨 진다.)

이는 '가짜재귀동사unechte reflexive Verben'라고 할 수 있는 동사가 술어 사용되는 경우로 주어와 목적어가 동일하기 때문에 의미적인 상관관계가 형성되지 않는다. 이 때문에 수동구성의 의미가 생성되지 않는다. 특히, 1. 4격 목적어로 신체부위가 나타나는 경우, 2. 술어의 의미와 똑같은 의미를 가진 목적어와 결합하는 경우 그리고 3. 목적어가 동사와 결합하여 밀접한 융합관계를 갖게 되는 문장들에서는 수동의 미가 생성되지 않는다.

1. 4격 목적어로 신체부위가 나타나는 경우

Ich hebe die Hand, breite die Arme aus, schüttele den Kopf.
내가 손을 들고, 팔을 벌려, 머리를 흔든다.

⇏ *Die Hand wird von mir gehoben.[46]

2. 술어의 의미와 똑같은 의미를 가진 목적어와 결합하는 경우

Er tanzte einen Tanz.
그가 춤을 추었다.

⇏ *Ein Tanz wurde von ihm getanzt.[47]

---

46 그러나 행위의 목적이 정확하게 제시되거나 분명해 질 때에 수동의미관련성이 생성된다. 〈Die Hände werden von ihm zum Zeichen der Unterwerfung gehoben. 그 사람은 항복의 표시로 두 손을 들었다.〉

47 규정하거나 특수한 언급이 있을 경우에는 수동문장과 의미관련성 생성이 가능하다. 〈Die erste Tanz wurde vom Brautpaar getanzt. 첫 번째 춤은 신혼부부가 추었다.〉

3. 목적어가 동사와 결합하여 밀접한 융합관계를 갖게 되는 경우

Er fasste Mut.
그가 용기를 냈다.

⇏ *Mut wurde von ihm gefasst.

특히, 아래 예시 문장과 같은 문장들에서는 능동과 수동 간의 의미 관련성이 형성되지 않거나 어색한 수동적 의미관련을 갖는다.

Er schöpfte Atem. 그가 한숨을 돌렸다.
Er lief Gefahr. 그가 위험에 빠졌다.
Er trug für sie Sorge. 그가 그녀를 돌본다.
Er verlor die Besinnung. 그가 의식을 잃었다.[48]

Das Fass enthält 100 Liter Wein.
그 통은 100리터의 포도주를 담을 수 있다.

Der Saal fasst tausend Menschen.
그 홀은 천명을 수용한다.

Ich fahre Auto = mit dem Auto.
내가 자동차를 운전한다.

Ich spiele Flöte = auf der Flöte.
내가 피리를 분다.

Ich stehe Kopf = auf dem Kopf.
내가 물구나무서기를 한다.

Der Finger juckt mich.
손가락이 가렵다.

---

48 목적어가 동사와 결합하여 의미 밀접성을 보이고 주어가 비인칭일 때는 항상 수동문이 사용된다. 〈Es wird Schluss gemacht. 끝냈다.〉, 〈Es wird Platz genommen. 자리를 잡았다.〉

Das Geld juckt mich.
돈이 나를 유혹한다.

Das Auge schmerzt mich.
내 눈이 아프다.

Staub bedeckt die Bücher.
책에 먼지가 끼었다.

Lärm erfüllt die Halle.
소음이 홀을 가득 채웠다.

Flüchtlinge verstopfen die Straße.
피난민들이 길을 메웠다.

또한 〈haben, bekommen, erhaltne, besitzen, empfangen〉 등이 〈bekommen 받다/얻다/가지다〉의 뜻으로 사용되면 수동문형 구성이 불가능하다.

Ich habe/ bekomme/ erhalte/ besitze einen neuen Hut.
나는 새 모자를 가지게 되었다.

⇏ *Ein neuer Hut wird von mir gehabt/ bekommen/ erhalten/ besessen.

Ich habe Briefe/ Geschenke empfangen.
나는 편지/ 선물을 받았다.

⇏ *Briefe/Geschenke wurden von mir empfangen.

하지만 〈behalten 가지다〉이 〈nicht hergeben 내놓지 않다〉의 뜻으로 사용될 때는 수동의미 관련성이 적용될 수 있다.

Er hat den Rest des Geldes behalten.
그는 나머지 돈을 (주지 않고) 가졌다.

Der Rest des Geldes wurde von ihm behalten.

② **Subjekt + Prädikat + Dativobjekt**

Der Sohn dankt dem Vater.

[[Der Sohn]$_{Subjekt}$ [[dankt]$_{V=Prädikat}$ [dem Vater]$_{Dativobjekt}$]$_{VP}$]$_{S}$

아들이 감사를 표한다 아버지에게

이런 문장구성유형Satzbaupläne에서도 술어가 표시하는 행동은 주어를 벗어난 그 무엇인 [dem Vater]$_{Dativobjekt}$]와 연계된다. 이 경우에는 3격목적어와 연관된다. 이 3격목적어와 관련된 특성은 '사람'과 '은유적인 내용'을 포함한다. 이런 문형으로 구성된 문장들은 동사의 기능에 따라서 ① '사람표시 주어와 사람표시 3격목적어'가 결합하는 경우 ② '사물표시 주어와 사람표시 3격목적어'와 결합하는 경우의 2개의 그룹과 ③ 나머지 그룹으로 구분되는 것을 관찰할 수 있다. 그 내용은 대략 다음과 같다.

① '사람표시 주어'와 '사람표시 3격목적어'와의 결합

첫째 그룹은 주어역할Subjektsrolle과 3격역할Dativsrolle에 사람이 등장하는 문장들로 3격목적어가 사람영역에 귀속되어 있다. 따라서 주어로 역할을 하는 사람은 3격목적어에서 거명되는 사람과 관심관계에 있게 된다.

beispringen : Ich springe ihm in der Not/Gefahr bei.
나는 난관에 처해있는 그를 위해 뛰어 들었다.

fehlen : Fehlt dir etwas? 뭐가 부족하니?/ 어디 아프니?
Mir fehlt nichts. 부족한 거 없어./ 아픈데 없어.

gefallen : Du gefällst mir nicht.
너는 내 마음에 안 든다.

gehören : Ihr Herz gehört einem andern.
그녀는 다른 사람을 사랑한다.

imponieren : Er hat ihr durch seine Kenntnisse imponiert.
그는 그녀에게 지식으로 감동을 주었다.

kondolieren : Sie hat ihm zum Tode seines Vaters kondoliert.
그녀는 그에게 부친사망에 대한 조의를 표했다.

kündigen : Er hat mir die Freundschaft gekündigt.
그가 나에게 절교를 통보했다.

Der Hausbesitzer hat ihm zum 30. Juni gekündigt.
집주인이 그에게 6월 30일에 계약이 만료됨을 통고했다.

lauschen : Er lauschte mir.
그가 내말을 엿들었다.

misstrauen : Ich misstraue ihm.
나는 그를 불신한다.

nacheifern : Ich eifere meinem Lehrmeister nach.
나는 스승을 본받으려고 애쓴다.

nähern sich : Er näherte sich dem Mädchen.
그가 소녀에게 접근했다.

parieren : Er pariert ihr aufs Wort.
그는 그녀의 말에 그대로 순종한다.[49]

trozen : Ich trotze ihm.
나는 그 사람에게 반항한다.

unterliegen : Ich unterliege ihm.
내가 그에게 굴복한다.

vertrauen : Ich vertraue ihm voll/ blind .
나는 그 사람을 완전히 믿는다./ 맹신한다.

verzeihen : Ich verzeihe ihm.
내가 그 사람을 용서한다.

49 예를 들어 〈Der Torwart hat den Schuß glänzend pariert. 골키퍼가 슈팅을 잘 막아냈다.〉의 경우와 같이 사물4격을 목적격으로 받기도 한다.

wehtun : Sie tut mir weh.
그녀가 나에게 고통을 준다.

zublinzeln : Ich blinzle ihm zu.
내가 그에게 눈짓했다.

zuhören : Ich höre ihm zu.
나는 그의 말에 경청한다.

zujauchzen : Die Menge jauchzte/ jubelte den Siegern zu.
군중이 승자들에게 환성을 질렀다.

② '사물표시 주어'와 '사람표시 3격목적어'와 결합

이런 문장구성은 '주어역할을 하는 사물'이 '3격목적어로 나타나는 사람'에게 어떤 가치를 갖는지를 명확하게 구분하는 문장들로 다음과 같은 술어동사를 포함한다.

auffallen : Ist Ihnen nichts aufgefallen?
당신에겐 이상하게 보인 것이 하나도 없나요?

aufgehen : Ihr geht die Bedeutung dieses Geschehens auf.
그녀에게는 이 사건의 의미가 명료하게 인식된다.

behagen : Das Buch behagt mir.
그 책이 내 마음에 든다.

bekommen : Ihr bekommt heute nichts zu essen.
너희들 오늘 먹을 것 하나도 없다.

bleiben : Seine Taten werden mir unvergessen bleiben.
나는 그의 행동을 영원히 잊지 못할 것이다.

einfallen : Ihm fiel nichts Besseres ein.
그에게 더 좋은 생각이 떠오르지 않았다.

entgehen : Diese einmalige Gelegenheit soll mir nicht entgehen.
단 한번뿐인 이 기회를 놓치지 않겠다.

fehlen : Ihm fehlt jeder Sinn für Humor.
그에겐 유머감각이 하나도 없다.

gebühren : Seiner Leistung gebührt Anerkennung.
그의 능력은 인정받을 만하다.

gehören : Dieser Tag gehört der Familie.
오늘은 가족의 날이다.

gelten : Der Beifall galt den Schauspielern.
박수갈채는 배우들을 위한 것이었다.

glücken : Der Plan ist mir geglückt .
이 계획이 성공적이었다.

grauen : Mir graut, wenn ich an morgen denke.
내일을 생각하면 무섭다.

leichtfallen : Die Mathematik fiel ihm immer leicht.
수학은 그에게 항상 쉽게 여겨졌다.

helfen : Dem Kranken war nicht mehr zu helfen.
그 환자는 구제불능이다.

imponieren : Seine Kenntnisse haben mir imponiert.
그의 지식이 나를 감동시켰다.

klarwerden : Meine Fehler werden mir klar.
내 실수들이 분명해졌다.

liegen : Diese Arbeit/ Dieser Mensch liegt mir nicht.
이 일/ 이 사람은 내게 맞지 않는다.

missfallen : Sein Benehmen missfällt mir.
그의 행동은 내 마음에 들지 않는다.

nahegehen : Der Tod ist ihm außerordentlich nahegegangen.
그 죽음은 그에게 특별한 슬픔을 주었다.

nutzen/nützen : Wem soll das nutzen/ nützen?
그것이 누구에게 도움이 된단 말이니?

passieren : Mir ist ein Unglück passiert.
나에게 불행한 일이 발생했다.

schaden : Das Lesen bei schlechtem Licht schadet deinen Augen.
조명이 나쁜 곳에서의 독서는 네 눈에 해롭다.

schmeicheln : Diese Worte schmeicheln seiner Eitelkeit.
이 말은 그의 허영심을 만족하게 한다.

unterlaufen : Manchmal unterläuft einem ein Fehler.
사람은 이따금 실수를 한다.

widerfahren : Ihm ist in seinem Leben viel Leid widerfahren.
그는 평생 많은 고생을 했다.

wohltun : Das Buch hat mir wohlgetan.
책이 나에게 기쁨을 주었다.

zusagen : Dieser Wein sagte mir mehr zu.
이 포도주가 내 취향에 더 맞는다.

③ 나머지 그룹

나머지 그룹에는 '사람표시 주어'와 '사람표시 3격목적어'와의 관심관계나 '사물표시 주어'와 '사람표시 3격목적어' 간의 가치관계가 명확하지 않아 위의 두 그룹에 들지 못하는 문장들이다. 이들의 '관심관계'와 '가치관계'는 다음과 같다.

→ 제한적인 관심관계 및 가치관계

ähneln : Sie ähnelt der Mutter.
그녀는 어머니를 닮았다.

gleichen : Die Brüder gleichen sich sehr.
그 형제는 매우 닮았다.

entsprechen : Dieses Buch entspricht nicht meinen Erwartungen.
이 책은 내 기대에 미치지/일치하지 않는다.

→ 불분명한 관심관계 및 가치관계

anhaften : Jeden Kompromiss haften Mängel an.
모든 타협에는 하자가 따른다.

Ein Nachteil haftet einer Sache an.
일에는 불이익이 수반된다.

beiwohnen : Er wohnte der Versammlung/ der Unterredung/ der Messe bei.
그는 집회/ 회담/ 미사에 참석했다.

entsagen : Er entsagt(= sagt ab) dem Alkohol.
그는 금주한다.

sich nähern : Er näherte sich dem Fenster.
그가 창가로 다가갔다.

unterliegen : Er unterlag beim Grenzübertritt scharfen Kontrollen.
그가 국경을 통과할 때 엄격한 검색을 받았다.

vorbeugen : Ich beuge der Krankheit vor.
나는 병을 미리 예방한다.

→ 유동적인 3격목적어와 4격목적어의 결합

anrufen : Ich rufe ihm an.
(남서부) 내가 그에게 전화한다.

Ich rufe ihn an.
(표준어) 내가 그에게 전화한다.

dünken : Es dünkt mir/mich.
나는 ~라 생각된다.

ekeln : Es ekelt mir/mich.
구역질이 난다.

grauen : Mir/Mich graut, wenn ich an morgen denke.
내일을 생각하면 무섭다.

grausen : Bei diesem Gedanken hat ihm/ihn oft gegraust.
그는 이 생각을 할 때 소름이 끼쳤다.

gruseln : In der Dunkelheit gruselte es ihr/sie.
어둠속에서 그녀는 공포로 떨었다 .

schauern : Es schauerte ihm/ihn.
그는 오한을 느꼈다.

③ Subjekt + Prädikat + Genitivobjekt

Großmutter bedarf der Pflege.

$[[\text{Großmutter}]_{\text{Subjekt}}\ [[\text{bedarf}]_{\text{V=Prädikat}}\ [\text{der Pflege}]_{\text{Genitivobjekt}}]_{\text{VP}}]_{\text{S}}$

할머니가 필요로 한다 간병인(의 도움)을

현대 독일어에서는 2격목적어가 드물게 나타난다. 2격목적어를 동반하는 동사들은 다음과 같다. 대부분은 순수 재귀동사[echtes reflexives Verb]와 함께 나타난다.

sich einer Sache bedienen :
Er bediente sich eines Kompasses.
그가 나침판을 다룬다.

sich einer Sache befleissigen :
Er befleissigt sich grosser Höflichkeit.
그는 겸손하려고 아주 노력한다.

sich einer Sache begeben :
Er hat sich jedes politischen Einflusses begeben.
그는 모든 정치적 영향력을 잃었다.

sich einer Sache enthalten :
Er hat sich des Alkohols enthalten.
그는 술을 끊었다.

jemandes/einer Sache bedürfen :

Das bedarf keiner Erklärung.

그건 설명이 필요하지 않다.

jemandes/einer Sache gedenken :

Wir gedenken eines Toten.

우리는 한 고인을 추모한다.

2격목적어는 몇 가지 성향을 갖는다.

sich eines Besseren besinnen :

Ich habe mich Besseren besonnen.

나는 보다 낳은 것을 생각했다.

Ich habe mich anders besonnen.

나는 생각을 바꾸었다.

seines Amtes walten :

Ich walte seines Amtes.

내가 그의 관직을 관장한다.

→ Ein König waltet über das Land.

왕이 그 나라를 지배한다.

In diesem Haus waltet Frieden.

이 집에는 평온이 있다.

der Ruhe pflegen :

Er pflegt der Ruhe/ der Selbstbetrachtung.

그는 느긋하게 쉰다/ 자기관조를 한다.

→ die Sprache, Künste und Wissenschaft pflegen

언어, 예술 및 학문을 장려하다

2격목적어를 다른 종류의 보충어가 대신하기도 한다.[50]

50 다른 격들과 같거나 비슷한 영향력을 나타내던 2격목적어가 점차 소멸되어 가는 현상을 보인다. 이 과정에서 주로 전치사격이 4격목적어와 함께 예전의 2

Ich schäme mich seines Verhaltens.

⇒ Ich schäme mich wegen seines Verhaltens.

Ich spotte seiner.

⇒ Ich spotte über ihn.

④ Subjekt + Prädikat + Präpositionalobjekt

Inge achtet auf ihre Schwester.

$[[\text{Inge}]_{\text{Subjekt}}\ [[\textit{achtet}]_{\text{V=Prädikat}}\ [\textit{auf}\ \text{ihre Schwester}]_{\text{Präpositionalobjekt}}]_{\text{VP}}]_{\text{S}}$

잉게는 돌본다 그녀의 자매들을

지금까지의 문장구성유형^{Satzbaupläne}에서는 목적어의 격 자체가 술어동사에 의해 결정되었지만, 전치사목적어와 결합하는 문장에서는 목적어의 격이 동사와 동반하는 전치사에 의해 결정된다. 이로 인해 문형 ④는 지금까지의 $[\text{주어}]_{\text{Subjekt}}$ 이외 하나의 보충어와 결합된 문형들과는 구조적 차이점을 보인다.

Der Vater *schreibt* ***an*** seinem Sohn.

아버지가 자기 아들에게 편지쓴다.

Ilse *zweifelt* ***an*** seiner Treue.

일제는 그의 신뢰를 의심한다.

격목적어의 기능을 떠맡게 된다. 대부분 '구분'이나 '부분'을 표시하는 2격들은 4격에 의해서 대용된다. 예를 들어, 〈Sorgsam brachte die Mutter ***des klaren, herrlichen Weines.***〉(Goethe)는 오늘날에는 〈Sorgsam brachte die Mutter *den klaren, herrlichen Wein.*〉으로, 그리고 〈Es schenkte der Böhme ***des perlenden Weins.***〉(Schiller)와 같은 문장은 오늘날: 〈Es schenkte der Böhme den perlenden *Wein.*〉으로 변화된다. 그럼에도 불구하고 현대 독일어의 문형에서 4격목적어와 함께 사용되는 2격목적어 뿐만 아니라, 방법보충어^{Artergänzung}와 함께 사용되는 2격목적어를 자주 볼 수 있다.

대부분의 동사와 함께 사용되는 전치사들은 단지 격을 제시하는 것보다는 오히려 의미적인 차별성을 강조하는 것 같은 경향을 보인다. 또한 전치사목적어와 함께 순수한 격과 대립하여 동작양태[Aktionsart]를 분명하게 나타내는 경향을 띈다.

Der Lehrer schreibt dem Schüler.
선생님이 그 학생에게 편지를 쓴다.

Der Lehrer schreibt **an** den Schüler.
선생님이 학생들에게 편지를 쓴다.

Ich schreibe einen Roman.
내가 소설을 쓴다.

Ich schreibe ***an*** einem Roman.
내가 소설을 집필중이다.

Ich baue ein Haus.
내가 집을 짓는다.

Ich baue schon lange ***an*** dem Haus.
내가 오래전부터 집을 짓고 있다.

또한 독일어 전치사들은 아래 예문에서처럼 의미해석의 방향[Lesart]을 제시한다. 이를 통해 문장 내에서 상이한 의미를 나타낼 수 있는 다의적 동사의 의미를 한정한다.

Er *schreibt* ***an*** die Regierung.
그가 정부에 편지를 보냈다.

Er *schreibt* ***über*** die Regierung.
그가 정부에 관해/라는 주제로 글을 쓴다.

Er *schreibt* ***gegen*** die Regierung.
그는 반정부적인 글을 쓴다.

Er *schreibt* ***für*** die Regierung.
그는 친정부적인 글을 쓴다.

전치사목적어를 유일한 보충어로 가지게 되는 문장들은 문장 안에 '사람표시 주어'가 있는지 아니면 '사물표시 주어'가 있는지에 따라서 그리고 〈es〉가 주어로 사용되는 경우에 따라서 아래와 같이 구분될 수 있다.

① 사람표시 주어와 결합하는 경우

Ich *ängstige mich vor* der Zukunft.
나는 미래를 두려워한다.

Ich *knüpfe an* seine Worte *an*.
내가 그 사람의 말을 이었다.

Er *setzte* mehrmals *zu*m Sprechen *an*, brachte aber kein Wort hervor.
그는 여러 번 시도하였으나, 결국은 한 마디도 못했다.

Wir *stoßen auf* ihn *an*.
우리는 그를 위해 건배한다.

Ich *appelliere an* die Vernunft/ *an* das Gewissen/ *an* das Ehrgefühl.
나는 이성에/ 양심에/ 명예에 호소한다.

Ich *arbeite an* einem Roman.
나는 소설작업을 하고/소설을 쓰고 있다.

Er *arbeitet über* den Expressionismus.
그는 표현주의에 대해 연구한다.

Er *arbeitet gegen* das Regime.
그는 반정부 운동을 한다.

Er *arbeitet für* seine Familie.
그는 자기 가족을 위해 일한다.

Wir müssen *auf* die Verkehrszeichen *aufpassen.*
우리는 교통 표지판에 유의해야 한다.

Die Mutter *bangt um* ihr Kind.
어머니가 아이를 걱정한다.

Seine Stimme *bebte vor* Wut.
그의 목소리가 분노로 떨었다.

Da*für bedanke* ich *mich* bestens!
나는 그것에 감사를 표합니다.

Sie *bemühte sich um* den Kranken.
그녀는 환자를 돌보았다.

Ich *beschwere über* ihn.
내가 그 사람에 대해서 민원을 제기한다.

Ich *bestehe auf* meinem Recht.
나는 내 권리를 주장한다.

Er *bleibt bei* seiner Meinung.
그는 자기 의견을 고수한다.

Würden Sie bitte zwei Plätze *für* uns *buchen*?
우리를 위해 좌석 2개를 예약해 주시겠습니까?

Er hat *in* die Scheidung *eingewilligt.*
그는 이혼에 동의했다.

Ich *bin über* ihn *empört.*
나는 그 사람 때문에 격분했다.

Er *erkrankt an* Asthma/ Grippe.
그는 천식/ 독감에 걸렸다.

Ich *freue mich an* den Blumen.
나는 꽃을 보며 좋아한다.

Wir *freuen uns auf* den Ausflug.
우리는 소풍을 고대한다.

Ich *freue mich über* seinen Erfolg.
나는 그의 성공을 기뻐한다.

Er *gewinnt an* Ansehen.
그가 존경을 받는다.

Er *gehört* schon ganz *zu* unserer Familie.
그는 이미 우리 가족의 일원이다.

Ihre Blicke *hingen an* ihm.
그녀의 눈길은 그에게 쏠려있다.

Der Alte *kämpft mit* dem Tod.
그 노인은 죽어가고 있다.

Er *kämpft für* die Freiheit.
그는 자유를 위하여 싸운다.

Komme ich hier *zum* Bahnhof?
이 길이 역으로 가는 길입니까?

Er *macht sich an* die Arbeit.
그가 일을 시작했다.

Ich *meditiere über* meine Heimat.
나는 내 고향 생각에 잠긴다.

Ich *schämt mich vor* mir selbst.
내 자신 스스로에게 부끄럽다.

Er *schreibt an* einem Roman.
그는 소설작업을 하고/소설을 쓰고 있다.

Er *schreibt über* Goethe.
그가 괴테에 관해 글을 쓴다.

Er *schreibt für* die Regierung.
그가 친정부 글을 쓴다.

Sie *starb für* ihren Glauben.
그녀는 그녀의 믿음을 위해 죽었다 .

Er *streitet sich um* ein Erbteil.
그는 유산 때문에 싸운다.

Wir *streiten für* Recht und Freiheit.
우리는 정의와 자유를 위해 싸운다.

Dar*auf wette* ich.
나는 거기에 내기를 걸었다.

Sie will *von* mir nicht mehr *wissen.*
그녀는 나에게 더 이상 관심이 없다.

Ich *wundere mich über* sie.
나는 그녀에 대해 알고 놀랐다.

Er hat *an* Gewicht *zugenommen.*
그는 체중이 불었다.

Viele Studenten *hingen* finanziell *von* ihren Eltern *ab.*
많은 학생들은 경제적으로 부모 의존적이다.

② 사물표시 주어와 결합하는 경우

Die Heilung des Patienten *hängt von* der richtigen Diagnose ab.
환자의 치료는 올바른 진단에 달려 있다.

In seinen Worten *drückte sich* seine Freude *aus.*
그의 말속에 그의 기쁨이 드러났다.

Mein Gedächtnis *besteht aus* Löchern.
내 기억력은 구멍투성이다/엉망이다.

Seine Arbeit *bestand in* Rechnen und Planen.
그의 일은 계산하고 계획을 세우는 것이었다.

Das Essen *duftet nach* dem Knoblauch.
이 음식에서 마늘 향이 난다.

Das *geht über* siene Kräfte.
그것은 그의 능력 밖이다.

Das Flugzeug *gewinnt an* Höhe.
비행기가 고도를 확보한다.

An dieser Stelle *hörte* der Weg *auf.*
여기에서 길이 끊긴다.

'Kalt' *reimt sich auf* 'bald'.
'Kalt'는 'bald'와 운이 맞는다.

Die Luft *riecht nach* Schnee.
눈이 내릴 것 같다/공기에서 눈 냄새 난다.

Das Wasser *wird aus* Sauerstoff und Wasserstoff.
물은 산소와 수소로 되어 있다.

③ 〈es〉가 주어로 사용되는 경우

*Es kommt zu*m Streit/ Krieg.
이것은 분쟁/ 전쟁으로 이어진다/전쟁이 일어난다.

Auf ihn *kommt es an.*
그에게 달려 있다.

Auf ein paar Euro *kommt es mir* nicht *an.*
나에겐 잔돈푼 몇 유로가 문제되지 않는다.

Es sieht nach Regen *aus.*
비가 올 것 같다.

Es fehlt/ mangelt uns *an* allem.
우리에게는 모든 것이 부족하다.

An mir soll *es* nicht *fehlen.*
나 때문에는 문제가 없을 겁니다.

*Wor*um geht es hier?
여기에서 무엇이 문제지?/무슨 일 때문이죠?

Es geht mir dar*um*, ihn zu überzeugen.
나는 그를 설득시키고 싶다.

Es handelt sich um ihn/ die Sache.
그 사람이/ 그 사건이 관건이다.

⑤ **Subjekt + Prädikat + Gleichsetzungsnominativ**

Karl ist mein Freund.

$[[\text{Karl}]_{\text{Subjekt}}\ [[\text{ist}]_{\text{V=Prädikat}}\ [\text{mein Freund}]_{\text{Gleichsetzungsnominativ}}]_{\text{VP}}]_{\text{S}}$

카알은 이다 내 친구

지금까지의 문장구성유형[Satzbaupläne]에서는 사건이 주어와 연계되던가, 아니면 주어 자체에서 수행되고, 주어 이외의 다른 대상과 관련성을 갖는 내용이라면, 문장구성유형 ⑤는 술어에서 사용되는 술어동사가 동격의 두 명사들 사이의 상관관계를 나타낸다. 이 두 명사들의 관계는 아래 예시에서처럼 이 두 명사들이 '관사'와 '소유대명사'를 통하여 한정되면 완벽한 조화를 이룬다.

Karl ist *der beste Schüler* in seiner Klasse.
카알은 자기학년에서 최고의 학생이다.

Wilhelm ist *mein Freund.*
빌헬름은 내 친구다.

하지만 이런 동격명사가 부정관사 또는 관사 없이 사용되면, 이 두 명사 간에 주어를 중심으로 존재하는 내용분류[Klassifizierung/Einordnung] 관계를 표시한다. 이 때문에 의미 중립적인 동사인 〈sein ~이다〉, 〈werden ~되다〉, 〈bleiben 머무르다〉, 〈sich dünken ~라고 생각하다〉, 〈heissen ~라고 불리우다〉, 〈scheinen ~처럼 보인다〉 등과 같은 동사들이 술어로 사용된다.[51]

---

51 전통문법에서는 이런 동사들을 연계사[Kopula/Satzband]로 보고, 두 번째 주격에 대해 독자적 문장성분의 역할기능을 부정하였다. 따라서 두 번째 주격은 술어명사로서 연계사와 결합하여 술부[Prädikat]를 형성한다. 여기에서도 원칙적으로는 그 관점을 따른다.

Ludwig ist ***ein*** Lügner.
루드비히는 거짓말쟁이다.

Karl ist ***Künstler***.
카알은 예술가다.

Karl ist ***Bäcker***.
카알은 제빵사이다.

Karl wird ***Rechtsanwalt***.
카알은 변호사가 된다.

Kinder bleiben ***Kinder***.
아이들은 아이들로 머문다.

Er heisst ***Karl***.
그의 이름은 카알이다.

Sein Vater heißt ***Karl***.
그의 아버지는 Karl이다.

Er scheint ***Lehrer***.
그가 선생님처럼 보인다.

Er scheint (mir) ***der rechte Mann***.
그는 올바른 사람 같다.

Er ist ***Erster***/ ***Letzter*** geworden.
그가 1등/ 꼴찌가 되었다.

Lila ist wieder ***Mode*** geworden.
보라색이 다시 유행이다.

Du bist ganz ***der alte*** geblieben.
⇒ Du hast dich nicht verändert.
너는 옛날 그대로다.

Ich bleibe, ***wer ich bin***.
⇒ Ich ändere mich nicht, solange ich lebe.
나는 살아있는 한 변하지 않는다.

Ich bin auf ewig ***dein***.
⇒ Ich bin dir in Liebe verbunden.
나는 영원히 너의 것이다.

의미적으로 ⟨sein, werden, bleiben, sich dünken, heissen, scheinen⟩과 같은 부류에 속하는 동사들은 아래 예시에 나타나는 것처럼 '전치사구'나 ⟨als ~처럼⟩ 또는 ⟨wie ~처럼⟩와 함께 사용된다.

Er wurde ***zum Verbrecher***.
그는 범죄자가 되었다.

Er erwies sich ***als Held***.
그가 영웅임이 입증되었다.

Er fühlt sich ***wie ein Gott***.
그는 자기가 신이나 된 것처럼 생각한다.

⑥ Subjekt + Prädikat + Raumergänzung

Das Buch liegt auf dem Tisch.
$[[\text{Das Buch}]_{\text{Subjekt}}\ [[\text{liegt}]_{\text{V=Prädikat}}\ [\text{auf dem Tisch}]_{\text{Raumergänzung}}]_{\text{VP}}]_{\text{S}}$
그 책은 놓여 있다 책상 위에

이 ⑥ 문장구성유형[Satzbaupläne]은 시간, 이유/원인, 방법, 공간을 나타내는 부사규정어가 공간보충어[Raumergänzung], 시간보충어[Zeitergänzung], 방법보충어[Artergänzung], 이유보충어[Begründungsergänzung]와 같은 보충어로서의 통사적 기능을 할 수 있다는 사실을 보여준다. 이런 부사보충어는 지금까지의 목적어들과 통사적으로 대등한 기능위치에 있기는 하지만, 이미 '부사보충어'라는 명칭이 암시하듯 목적어에 대한 완전 대립관계를 형성하기 보다는 제한적 의미를 갖는 것으로 이해된다. '공간보충어'와 결합한 문장들은 사용 빈도수가 높다. '공간보충어'들은 숫자상으로 볼 때, 4격목적어와 결합한 문장 다음으로 많이 나타나는 빈도를 보인다. 따라서 공간성분은 문형의 영역에서 중요한 역할을 하게 된다.

Er befindet sich *in* Frankfurt.
그는 Frankfurt에 있다.

Er bleibt *in* München.
그는 München에 있다.

Er wohnt/ lebt *auf* dem Lande.
그는 시골에서 산다.

Er haust *in* einem Keller.
그는 지하실에서 산다.

Er hält sich *in* Berlin auf.
그는 Berlin에 체류하고 있다.

Er parkt *auf* dem Marktplatz.
그는 시장광장에 주차했다.

Er zeltet *am* Fluss.
그는 강가에 텐트를 쳤다.

Er übernachtete *in* Hamburg.
그는 Hamburg에서 잤다.

Das Unglück ereignete sich *am* Bahnhof.
사고가 역에서 발생했다.

Das Boot trieb *an* das Ufer.
보트가 해안으로 떠내려갔다.

⑦ Subjekt + Prädikat + Zeitergänzung

Die Beratung dauerte zwei Stunden.

$[[\text{Die Beratung}]_{\text{Subjekt}}\ [[\text{dauerte}]_{\text{V=Prädikat}}\ [\text{zwei Stunden}]_{\text{Zeitergänzung}}]_{\text{VP}}]_{\text{S}}$

그 상담은 소요되었다 2시간

시간표시 보충어를 필요로 하는 동사는 공간표시를 요구하는 동사의 엄청난 숫자에 비하면 그 수가 적다고 할 수 있다.

Die Versammlung *dauerte* ***bis Mitternacht***.
그 회의는 자정까지 계속되었다.

Die Versammlung *dehnte* ***bis Mitternacht*** *aus*.
그 회의 자정까지 연장되었다.

Die Versammlung *zog sich* ***bis nach Mitternacht*** *hin*.
그 회의는 자정까지 질질 끌었다.

Das Tanzvergnügen *dehnte sich* ***bis zum Morgengrauen*** *aus*.
무도의 즐거움은 아침 동이 틀 때까지 계속되었다.

Es *ist/ schlägt* ***12 Uhr***.
12시다.

Er *kommt/ fährt/ geht* ***bald/ in zwei Stunden***.
그가 곧/ 두 시간 안에 온다/ 간다.

⑧ **Subjekt + Prädikat + Artergänzung**

Die Rose ist schön.
$[[\text{Die Rose}]_{\text{Subjekt}}\ [[\text{ist}]_{\text{V=Prädikat}}\ [\text{schön}]_{\text{Artergänzung}}]_{\text{VP}}]_{\text{S}}$
그 장미는 답다 아름(다운)

방법보충어[Artergänzung]는 대부분 〈Wie ist es? 어떻게?〉에 대한 대답으로 스스로의 행동을 나타내는 술어동사와 함께 사용되는 보충어로 이해될 수 있다.

Er tritt *wie ein Baron* auf.
그는 남작처럼 행동한다.

Er beträgt sich *gut*.
그는 단정하게 행동한다.

Er benimmt sich *schlecht.*
그는 나쁘게 처신한다.

Er verhält sich *einwandfrei.*
그는 결함이 없는 사람이다.

Er führt sich *gut.*
그의 품행은 방정하다.

Er führt sich *wie ein Betrunkener* auf.
그가 술 취한 사람처럼 행동한다.

Er stellt sich *krank.*
그 사람은 아픈 것처럼 행동한다.

Die koreanische Wirtschaft liegt *schwierig.*
한국경제가 어려움에 처해 있다.

Er fühlt sich *als Held.*
그는 영웅이나 된듯하다.

Das alte Schloss dient *als Museum.*
그 옛 고성은 박물관으로 사용되고 있다.

Er arbeitet sich *müde.*
그는 지치도록 일한다.

Er schläft sich *gesund.*
그는 잠을 자서 원기를 회복했다.

Er ärgert sich *krank/ zu Tode.*
그는 아플 정도로/ 죽도록 화났다.

Er schreit sich *heiser.*
그는 고함을 질러 목이 쉬었다.

Er läuft sich *warm.*
그는 달려서 몸을 풀었다.

Er wirkt *komisch.*
그가 익살스럽게 보인다.

Er sieht *schlecht* aus.
그가 초라하게 보였다.

Das Haus steht *leer.*
그 집이 비어 있다.

Das Fenster steht *offen.*
그 창문이 열려 있다.

Das Wartezimmer sitzt/ ist *voller Patienten.*
대합실이 환자들로 만원이다.

Das versteht sich *von selbst.*
그것은 자명한 일이다.

연계동사^Kopulaverb^는 '방법보충어'에 자립적인 문장성분의 가치를 부여한다. 이는 다음 예문에서 확인할 수 있다.

Karl ist *wach.*
카알은 깨어있다.

Die Blätter werden *gelb.*
나뭇잎이 낙엽이 진다.

Die Tür ist *zu.*
문이 잠겨있다.

Du bleibst *gesund.*
너는 건강을 유지한다.

Dieser Hammer scheint *brauchbar.*
이 망치는 쓸 만하다.

수동문장으로 변형될 수 있는 재귀문장들은 이와 같이 화법조동사를 포함하는 문장구성형태를 보인다.

Der Wagen *wäscht sich* gut.
⇒ Der Wagen *kann* gut *gewaschen werden.*

⑨ **Subjekt + Prädikat + Begründungsergänzung**

Das Verbrechen geschah aus Eifersucht.

[[Das Verbrechen]$_{Subjekt}$ [[geschah]$_{V=Prädikat}$ [aus Eifersucht]$_{Begründungsergänzung}$]$_{VP}$]$_{S}$

그 범죄행위는 발생했다 질투로 인해

이런 종류의 문장구성유형Satzbaupläne은 사용빈도수가 적다.

Der Mord geschah *aus* Eifersucht.

살인은 질투 때문에 일어났다.

Viele Unfälle ereignen sich *infolge* Übermüdung des Fahrers.

많은 사고가 운전자의 과로 때문에 발생한다.

Der Brand entstand *aus* Unachtsamkeit.

화재가 부주의로 발생했다.

3.3 [주어]$_{\text{Subjekt}}$ 이외의 다른 보충어가 2개 있는 문장

① **Subjekt + Prädikat + Dativobjekt + Akkusativobjekt**

Karl schenkt seiner Mutter Blumen.

[[Karl]$_{\text{Subjekt}}$ [[schenkt]$_{\text{Prädikat}}$ [seiner Mutter]$_{\text{Dat-objekt}}$ [Blumen]$_{\text{Akkobjekt}}$]$_{\text{VP}}$]$_{\text{S}}$

카알은 선물한다 자기의 어머니에게 꽃을

이런 문장구성유형[Satzbaupläne]에서는 [주어]$_{\text{Subjekt}}$의 [4격목적어에 행해지는 모든 술어행위]$_{\text{Prädikat + Akkusativobjekt}}$가 [3격목적어인 사람에게]$_{\text{Dativobjekt}}$ 귀속된다. 이런 문장구성유형의 술어부에는 '주거나 받고', '전달'이나 '침묵'을 뜻하는 동사들이 사용되고, 사용될 수 있는 동사들의 수는 상대적으로 많다.

Er hat *ihm* im Kartenspiel *viel Geld* abgewonnen.
그는 카드놀이를 해서 많은 돈을 땄다.

Ich habe *mir das Rauchen* abgewöhnt.
나는 담배를 끊었다.

Er steckt *ihr einen Brillantring* an.
그가 그녀에게 보석반지를 끼워준다.

Er hat *dem Priester seinen Kummer* gebeichtet.
그가 신부에게 자신의 걱정을 고백했다.

Der Autor dedizierte *das Buch seinem verstorbenen Lehrer*.
저자는 그 책을 고인이 된 스승에게 바쳤다.

Er hielt *ihr die Hand* entgegen.
그가 그녀에게 손을 내밀었다.

Die freudige Nachricht entlockte *ihr einen Schrei.*
기쁜 소식에 그녀는 가느다란 비명을 질렀다.

Ich habe *mir ein Häuschen* erspart.
나는 조그만 집 한 채를 저축으로 장만했다.

Er hat *mir das Verbrechen* gestanden.
그가 나에게 범행을 자백했다.

"*Idiot*" rief er *mir* nach.
"바보"라고 그가 내 뒤에 대고 외쳤다.

Ich verdeutliche *ihm das*.
내가 그에게 그것을 설명한다.

Er hat *ihr die Ehe* versprochen.
그가 그녀에게 결혼을 약속했다.

Ich sende *ihm ein Buch* zu.
내가 그에게 책을 발송한다.

Ich spiele *ihm einen Ball* zu.
내가 그에게 공을 건네준다.

몇몇의 동사는 사람을 4격 목적어로 받기도 한다.

Ich schicke ihm *sie*/ ein Auto entgegen.
내가 그에게 그녀를/ 자동차를 보낸다.

Ich stelle ihm meinen Freund vor.
내가 그에게 내 친구를 소개한다.

Wir überlassen ihn seinen Feinden.
우리는 그를 그의 적에게 맡겼다.

〈vorziehen〉 같은 동사의 경우에는 예를 들어 〈Ich ziehe Wein dem Bier vor. 나는 맥주보다 포도주를 더 좋아한다.〉에서와 같이 3격 목적어로 사물표시어가 사용되기도 한다. 경우에 따라서는 〈Ich tue ihm ein Leid an - Ich tue mir ein Leid an. 내가 그에게 고통을 준다 - 내가 내 자신을 괴롭힌다.〉에서처럼 행위가 주어 자체에게 돌아가기도 하고, 〈Wir überlassen die beiden sich selbst. 우리는 이 두 사람을 자기들이 스스로 알아서 하도록 한다.〉에서와 같이 행위를 가하는 사람은 4격 목적어에서 말하는 사람과 일치할 수 있다.

② **Subjekt + Prädikat + Akkusativobjekt + Genitivobjekt**

Der Richter beschuldigte den Angeklagten des Diebstahls.

$[[\text{Der Richter}]_{\text{Subjekt}}[\text{beschuldigte}]_{\text{Prädikat}}[\text{den Angeklagten}]_{\text{Akk-objekt}}$
판사는 판결했다 피고인을
$[\text{des Diebstahls}]_{\text{Geni-objekt}}]_{\text{VP}}]_{\text{S}}$
절도죄로

4격 목적어와 2격 목적어와 결합하는 이런 문장구성유형[Satzbaupläne]은 예전에 널리 사용되었다. 오늘날에는 이런 구성은 사법적 영역에 속하는 동사를 중심으로 제한적으로 사용된다.

Die Polizei hat ihn des Hochverrats angeklagt.
경찰이 그 사람을 반역죄로 기소했다.

Er hat sie des Diebstahls (= wegen eines Diebstahls) angeschuldigt.
그가 그녀를 절도죄로 고발했다.

Die Leute verdächtigten ihn des Diebstahls (= wegen eines Diebstahls).
사람들이 그 사람에게 절도혐의를 두었다.

Er klagt den Mann des Diebstahls (= wegen eines Diebstahls) an.
그가 그 사람을 절도죄로 고소한다.

Der Richter schuldigte ihn des Diebstahls (= wegen eines Diebstahls) an.
판사가 그에게 절도죄를 적용했다.

Der Räuber beraubt mich des Geldes.
강도가 내 돈을 강탈한다.

Er würdigte sie keines Blickes.
그는 그녀에게 눈도 돌리지 않았다.

이런 종류의 문장구성유형은 '4격 목적어 + 전치사목적어' 문형 및 '4격 목적어 + 3격 목적어' 문형과 교차 사용된다.

Ich entbinde ihn seiner Pflicht.
내가 그 사람을 그의 의무에서 해방시킨다.

⇒ Ich entbinde ihn von seiner pflicht.
Die Leute verdächtigten ihn des Diebstahls.
사람들이 그 사람에게 절도혐의를 두었다.

⇒ Die Leute verdächtigten ihn wegen eines Diebstahls.
Ich versichere ihn des Gegenteils.
내가 그에게 반대 입장을 분명하게 한다.

⇒ Ich versichere ihm das Gegenteil.

③ Subjekt + Prädikat + Akkusativobjekt + Präpositionalobjekt

Er verriet ihn an seine Feinde.
$[[\text{Er}]_{\text{Subjekt}}\ [[\text{verriet}]_{\text{Prädikat}}\ [\text{ihn}]_{\text{Akk-objek}}\ [\text{an seine Feinde}]_{\text{Präp-objekt}}]_{\text{VP}}]_{\text{S}}$
그는 밀고했다 그를 그의 적에게

이런 문장구성유형[Satzbaupläne]이 표시하는 사건은 전치사를 통해서 규정되는 것과 다시 연계된다.

Ich lerne etwas *aus* diesem Buch.
나는 이 책에서 무엇인가 배운다.

Ich lerne etwas *über* dieses Buch.
나는 이 책에 관해 무엇인가를 배운다.

아래에서는 문장의 주어와 4격목적어가 '인간'과 '비인간'적인 구성요소인지를 구분하여 ① 사람을 표시하는 주어와 4격목적어가 나오는 경우와 ② 사람을 표시하는 문장주어와 사물을 표시하는 4격목적어가 결합하는 경우 그리고 ③ 사물을 표시하는 주어와 사람을 표시하는 4격목적어와 결합하는 문장들을 예시로 구분한다. 전치사목적어에서는 대부분 사물을 표시하는 낱말이 사용되기 때문에 구분하지 않는다. 하지만 전치사목적어에서도 사람표시어가 사용되기도 한다.

① 사람을 표시하는 주어와 4격목적어가 나오는 경우

이런 문장들에는 중립적인 인간의 행동을 나타내는 술어동사들이 나타난다. 이때 4격 목적어로 사용되는 사람과 관련된 행위의 '대상Gegenstand'은 전치사목적어에 나타난다.

Ich härte ihn gegen Grippe ab.
내가 그를 감기에 걸리지 않도록 단련시킨다.

Er versuchte, den Verdacht von sich abzulenken.
그는 자신의 혐의를 다른 데로 돌리려고 애썼다.

Man hatte ihn als/ zum Leiter ausersehen.
그가 책임자로 선정되었다.

Er hat mich nach dem Sachverhalt ausgefragt.
그가 나에게 그 사태를 꼬치꼬치 캐물었다.

Sie hat einen Verleger zur Veröffentlichung ihrer Werke autorisiert.
그녀는 어느 출판자에게 자신의 작품을 출판할 권리를 주었다.

Man benannt die Strasse nach Goethe.
사람들이 그 도로명을 괴테 이름을 따서 붙였다.

Er hat sich mit Büchern beschäftigt.
그는 책에 몰두했다.

Man beurteilt den Menschen nach seinem Äusseren.
사람을 다른 사람을 외모로 판단한다.

Ich bewahre mich vor Schaden.
나는 나의 손실을 방지한다.

Ich habe sie um Geld gebeten.
내가 그녀에게 돈을 부탁했다.

Die Demonstranten bombardierten das Gebäude mit Farbeiern.
그 시위대가 그 건물에 색 달걀을 던졌다.

Er hat mich für meinen Verlust mit Geld entschädigt.
그가 나에게 내 손해에 대해 돈으로 변상했다.

Ich gewann sie mit dem Geld.
나는 돈으로 그녀를 얻었다.

Er verleitet mich zum Trinken.
그가 나를 술 마시자고 유혹한다.

Er wurde zum Tode verurteilt.
그는 사형선고를 받았다.

Er zwang sich zum Arbeiten.
그는 공부하려 시도했다.

Ich war begeistert von ihr.
나는 그녀에게 감격했다.

②사람을 표시하는 문장주어와 사물을 표시하는 4격목적어가 결합하는 경우

이런 문장들에서는 사물을 표시하는 낱말이 4격목적어로 사용된다. 이때 문장주어의 행위는 이 목적어에게 술어를 통해 작용하고, 이

4격목적어는 다시 전치사목적어에 나타나는 다른 사물이나 또는 사람에 대한 관계를 나타낸다.

Ich adressiere einen Brief an meinen Freund.
나는 내 친구에게 가는 편지 주소를 쓴다.

Wie viel hast du für die Ausrüstung ausgegeben?
너 그 장비 값으로 얼마나 주었니?

Ich gebe viel Geld für das Buch aus.
나는 그 책값으로 많은 돈을 지불한다.

Ich gebe mein Geld für Lotto her.
나는 로토에 돈을 건다.

Ich nehme Rücksicht auf ihn.
내가 그 사람을 배려한다.

Er nimmt die Angst von mir.
그가 내 불안을 없애준다.

Er nahm sie mit Gewalt.
그가 그녀를 성폭행했다.

Er nahm auf mich Einfluss.
그가 나에게 영향을 끼쳤다.

Ich nehme ihn ins Verhör.
내가 그 사람을 심문한다.

Das wollte ich damit nicht sagen.
그것은 내 뜻이 아니었다.

Sie wendet keinen Blick von mir.
그녀는 나에게서 시선을 떼지 않는다.

Er konnte das Unheil von uns wenden.
그는 우리에게 닥칠 불운을 막을 수 있었다.

③ 사물을 표시하는 주어와 사람을 표시하는 4격목적어가 결합하는 경우

이런 문장들에서는 사물을 표시하는 낱말이 문장주어로 사용된다. 이때 문장주어의 행위는 이 목적어에게 술어를 통해 작용하고, 이 목적어는 다시 전치사 목적어에 나타나는 다른 사물이나 사람에 대한 관계를 나타낸다.

Dringende Angelegenheit hielt mich davon ab, an der Feier teilzunehmen.
급한 일 때문에 나는 잔치에 참석하지 못했다.

Der Film lenkte mich von meiner Schwermut ab.
이 영화가 나의 우울한 기분을 전환시켜 주었다.

Das regte ihn zum Nachdenken an.
그것이 그를 깊이 생각하게 하였다.

Die Belohnung spornte ihn zu höheren Leistungen an.
보상금이 더 좋은 성적을 내도록 그 사람을 격려했다.

Das begeistert ihn für eine Sache.
그것이 그 사람을 한 가지 일에 열광케 한다.

Das Ereignis bestärkte mich in meiner Zweifel.
그 사건이 나를 더욱 더 의심하게 했다.

Was hat ihn wohl zur Abreise bewogen?
무엇이 그 사람을 떠나도록 하였나?

Dieses Denkmal erinnert uns an vergangenene Zeiten.
이 기념물이 우리들에게 지난날을 상기시킨다.

Dieser grosse Stein hinderte ihn an die Fahrt.
이 큰 돌덩이가 그가 차를 타고 가는 것을 방해했다.

Der Unfall reizte ihn zum Zorn.
그 사고가 그를 화나게 했다.

④ Subjekt + Prädikat + Akkusativobjekt + Raumergänzung

Ich hänge das Bild an die Wand.

[[Ich]$_{\text{Subjekt}}$ [[hänge]$_{\text{Prädikat}}$ [das Bild]$_{\text{Akk-objek}}$ [an die Wand]$_{\text{Raumergänzung}}$]
나는 걸었다 그림을 벽에
$_{\text{VP}}$]$_{\text{S}}$

'공간보충어[Raumergänzung]'는 동사가 행위를 표시하는 행위문장[Handlungssatz]에서 주어의 활동이 이루어지는 장소를 표시한다. 따라서 공간보충어는 주어의 행위를 통해 목적어의 위치가 변화되는 경우에 사용된다.

Ich lege das Buch auf den Tisch.
내가 책을 책상 위에 놓는다.

Ich befestige den Schirm an den Koffer.
내가 우산을 여행용 가방에 묶는다.

Die Mutter näht den Knopf an den Mantel.
어머니가 단추를 외투에 꿰매어 단다.

Der Spieler wirft den Ball ins Tor.
그 선수가 공을 골대 안으로 던진다.

Ich ziehe den Vorhang zur Seite.
내가 커튼을 옆으로 끌어 당긴다.

Er klopfte den Schnee von seinem Hut.
그가 모자에서 눈을 털어냈다.

따라서 이런 문장의 술어에서는 사람과 사물이 공간적으로 이동하게 하거나 이동행위를 나타내는 동사들이 사용될 수 있다.

Der Junge bringt die Ware ins Haus/ den Koffer zum Bahnhof.
그 젊은이가 물건을 집안으로/ 트렁크를 역으로 나른다.

Er fuhr den Wagen in die Garage.
그가 자동차를 차고 안으로 운전했다.

Er hat den Verletzten ins Krankenhaus gefahren.
그가 환자를 병원으로 태우고 갔다.

Ich lege mich mit den Ellbogen auf den Tisch.
내가 팔꿈치를 책상위에 올려놓는다.

Nebel legt sich auf/über die ganze Stadt.
안개가 온 도시를 뒤덮었다.

Die Mutter setze das Kind auf den Stuhl.
어머니가 아이를 의자에 앉힌다.

Er stellt sich ans Fenster.
그가 창가에 서있다.

Das Dienstmädchen stellt das Geschirr auf den Tisch.
여종업원이 식기를 식탁 위에 놓는다.

Die Mutter stellt die Blumen in die Vase.
어머니가 꽃을 꽃병에 꽂는다.

Diese Hoffnung ist auf Sand gebaut.
이 희망은 모래위에 세워졌다(사상누각).

Ich schicke ihn auf die Post/ zur Post.
내가 그를 우체국에 보낸다.

Er schob die Brille auf die Stirn.
그가 안경을 이마 위로 밀어 올렸다.

Er treibt die Sache auf die Spitze.
그가 그 일을 첨예화 한다.

Das Kind steckt ein Bonbon in den Mund.
아이가 사탕을 입에 넣는다.

Sie treibt mich in die Enge.
그녀가 나를 궁지로 몰아넣는다.

Er schüttet Wasser ins Meer.
그가 물을 바다에 붇는다. 쓸데없는 일을 한다.

⑤ Subjekt + Prädikat + Akkusativobjekt + Zeitergänzung

Er zog das Gespräch in die Länge.

$[[\text{Er}]_{\text{Subjekt}}\ [[\text{zog}]_{\text{Prädikat}}\ [\text{das Gespräch}]_{\text{Akk-objek}}\ [\text{in die Länge}]_{\text{Zeitergänzung}}]_{\text{VP}}]_{\text{S}}$

그는 끌었다 그 대화를 길게

이런 문장구성유형[Satzbaupläne]에서는 시간을 표시하는 부사어가 주어의 행동과 연관된다. 이런 경우에는 시간상황을 표시하는 부사어가 '시간보충어'로서 4격 목적어 곁에 온다.

Ich verschiebe diese Arbeit auf die nächste Woche.
나는 이 일을 다음 주로 연기한다.

Von einem Tag auf den anderen änderte sich das Bild.
하루사이에 그림이 다르게 변화했다.

Er hat das Haus auf fünf Jahre gemietet.
그는 그 집을 5년 동안 세를 얻었다.

Auf den/Am Abend bekommen wir Gäste.
저녁에 손님들이 온다.

Ich höre das zum erstenmal in meinem Leben.
내 평생 그 이야기를 처음 듣는다.

Er will uns in den Ferien einmal besuchen.
그가 방학 때 한번 우리를 방문하기를 원한다.

In kurzer Zeit hatte er die Aufgabe gelöst.
그는 짧은 시간 내에 과제를 풀어냈다.

Über den Spielen vergisst er alles andere.
그는 놀이를 하는 동안 모든 다른 일을 잊는다.

Mein Freund besuchte uns zwischen den Feiertagen.
내 친구가 공휴일 기간에 우리를 방문했다.

⑥ Subjekt + Prädikat + Akkusativobjekt + Artergänzung

Die Mutter macht die Suppe warm.

$[[\text{Die Mutter}]_{\text{Subjekt}}\ [[\text{macht}]_{\text{Prädikat}}\ [\text{die Suppe}]_{\text{Akk-objek}}\ [\text{warm}]_{\text{Artergänzung}}]_{\text{VP}}]_{\text{S}}$

어머니는 만들었다 국을 따뜻하게

이런 문장구성유형[Satzbaupläne]에서 '방법보충어[Artergänzung]'는 주어의 행위에 따라 변하게 되는 또는 변하게 된 목적어의 형태를 표시한다.

Der Jäger schiesst den Hasen tot.
사냥꾼이 토끼를 쏘아 죽였다.

Die Mutter färbt das Kleid blau.
어머니가 그 원피스를 파랗게 염색한다.

Der Maler streicht die Wand weiss.
페인트 공이 벽을 흰색으로 칠한다.

Er reibt das Messer blank.
그가 칼을 반짝이도록 닦는다.

Er macht die Säge scharf.
그가 톱을 날카롭게 만든다.

Er macht dich glücklich.
그가 너를 행복하게 만든다.

Der Arzt schreibt den Patienten krank.
의사가 환자를 아프다고 처방한다.

Sein Verhalten stimmt mich nachdenklich.
그의 태도가 나를 깊이 생각하게 한다.

Ich habe das Pferd müde geritten.
내가 말이 지치도록 탔다.

방법보충어는 주어의 행위에 의해 목적어가 변해가는 과정이나 상상되는 상태를 나타내기도 한다.

Diese Ereignisse halten die Welt in Atem.
이 사건이 세계를 숨을 멈추게 한다/긴장시킨다.

Er trug die Haare kurz/lang.
그는 머리를 짧게/길게 하고 다닌다.

Man nennt ihn feige.
사람들이 그를 비겁하다고 한다.

Ich finde ihn schlafend.
내가 그를 잠자고 있는 채로 찾아낸다.

Ich halte ihn für gewissenhaft.
나는 그 사람을 성실하다고 여긴다.

Ich betrachte ihn als feige.
나는 그를 비겁하다고 본다.

Ich entlarve ihn als Betrüger.
나는 그가 사기꾼임을 폭로한다.

Er bezeichnet ihn als Verräter.
그가 그 사람을 배반자라고 일컫는다.

Er bezeichnet ihn als anmaßend.
그가 그 사람을 교만한 사람으로 규정한다.

Er schildert ihn als strebsam.
그 사람이 그를 노력하는 사림으로 이야기한다.

Er schildert ihn als gewissenhaften Menschen.
그는 그 사람을 양심적인 사람으로 기술한다.

이런 문장구성유형^Satzbaupläne^에서 '방법보충어^Artergänzung^'는 주어의 행동을 규정할 수도 있다. 때로는 4격 목적어와 3격 목적어가 경합적으로 사용되기도 한다.

Sie hat ihn freundlich behandelt.
그녀는 그 사람을 친절하게 대한다.

Er zögert seinen Besuch absichtlich hinaus.
그는 의도적으로 자신의 방문을 늦춘다.

Auf Einmal hatte er keine Lust mehr.
갑자기 그는 의욕이 없어졌다.

Ich mache ihn/ihm bange.
내가 그 사람을 불안하게 만든다.

Das kleidet dich/dir gut.
그 옷은 너에게 잘 어울린다.

Dieser Hut kleidet mich/mir gut.
이 모자는 나에게 잘 어울린다.

⑦ Subjekt + Prädikat + Artergänzung + Präpositionalobjekt

Er handelte niederträchtig an ihm.

[[Er]$_{\text{Subjekt}}$ [[handelte]$_{\text{Prädikat}}$ [niederträchtig]$_{\text{Artergänzung}}$ [an ihm]$_{\text{Präp-objekt}}$]$_{\text{VP}}$]$_{\text{S}}$
그는 대했다 비열하게 그 사람을/를

이 문장구성유형^{Satzbaupläne}에서는 필연적인 주어의 방법을 표현하는 행위가 전치사목적어와 관계된다.

Ich gehe behutsam mit ihm um.
나는 그 사람을 신중하게 대한다.

Ich gehe grob mit ihr um.
나는 그녀에게 함부로 한다.

Er geht freundlich mit mir.
그는 나에게 친절하게 대한다.

Sie gehen freundlich miteinander.
그들은 서로 친절하게 대한다.

Er steht schlecht mit ihr.
그 사람은 그녀와 사이가 나쁘다.

Er verhält sich richtig/falsch im Verkehr.
그가 도로운행에서 올바르게/틀리게 행동한다.

Wie verhält es sich eigentlich mit seiner Wahrheitsliebe?
그의 진리사랑은 도대체 어떻게 된 거야?

Er verhielt sich mir gegenüber/ gegen mich/ zu mir korreckt.
그 사람은 나에게 올바르게 행동했다.

Ich verhalte mich ihm gegenüber nachlässig.
나는 그를 소홀하게 대한다.

⑧ **Subjekt + Prädikat + Artergänzung + Raumergänzung**

Auf der Festwiese geht es lustig zu.

$[[\text{Es}]_{\text{Subjekt}}$ $[[\text{geht}\cdots\text{zu}]_{\text{Prädikat}}$ $[\text{lustig}]_{\text{Artergänzung}}$ $[\text{auf der Festwiese}]_{\text{Raumergänzung}}]_{\text{VP}}]_{\text{S}}$

여기 점점 되어간다 즐겁게 축제가 열리는 초원위에

이 문장구성유형[Satzbaupläne]에서 주어는 비인칭 〈es〉가 사용된다. 술어동사로는 〈zugehen〉과 〈hergehen〉 이 두 동사가 가장 자주 나타난다.

Bei dem Fest ging es harmonisch/ natürlich/ ordentlich zu.
축제는 화기애애하게/ 꾸밈없이/ 질서정연하게 진행되었다.

Auf der Geburtstagsfeier ging es toll/ laut zu.
생일 파티는 멋있게/ 요란하게 진행되었다.

$[\text{주어}]_{\text{Subjekt}}$ 이외에 1개의 보충어로 '방법보충어'를 갖는 문장구성유형[Satzbaupläne] ⑧의 경우, 'Subjekt + Prädikat + Artergänzung'에서와 같이 수동문장으로 변형될 수 있는 재귀문장들은 아래와 같이 '화법조동사'를 포함하는 문장구성형태를 보인다.

Es kocht sich gut auf diesem Ofen.
이 오븐에서는 음식 만들기가 좋다

⇒ Auf diesem Ofen kann gut gekocht werden.

⑨ **Subjekt + Prädikat + Akkusativobjekt + Gleichsetzungsakkusativ**

Karl nennt mich einen Lügner.
$[[\text{Karl}]_{\text{Subjekt}}\ [[\text{nennt}]_{\text{Prädikat}}\ [\text{mich}]_{\text{Akk-objek}}\ [\text{einen Lügner}]_{\text{Gleichsetzungsakkusativ}}]_{\text{VP}}]_{\text{S}}$
칼은 부른다 나를 거짓말쟁이라고

이 문장구성유형[Satzbaupläne]에서의 두 개의 4격 목적격은 주어에 대한 동등주격처럼 4격 목적어에 대한 동일관계로 사용된다. 이런 이유로 우리는 이런 성분을 동등4격 또는 동등목적격이라 부른다. 동등목적격은 항상 동사 다음에 위치한다.

Sie haben *das Kind* nach seinem Vater *Willhelm* geheissen.
그들은 그 아이를 아버지의 이름을 따서 빌헬름이라고 불렀다.

Ich heisse *ihn einen Steinkopf.*
나는 그를 돌대가리라 부른다.

Er hiess *mich seinen Freund.*
그는 나를 자기 친구라 불렀다.

Man hiess *ihn einen Dummkopf.*
사람들이 그 사람을 바보라고 불렀다.

Sie nannte *ihn einen Lügner.*
그녀는 그를 거짓말쟁이라고 불렀다.

Man schimpft *ihn einen Esel.*
사람들이 그에게 나귀라고 화낸다.

Das Publikum schmähte *ihn einen Verräter.*
군중이 그 사람을 배반자라 비방했다.

Er wurde nach seinem Grossvater Hermann getauft.
그는 할아버지의 이름을 따서 헤르만이라 불렸다.

Er wurde Johann genannt, nach seinem Vater.
그는 아버지의 이름을 따서 요한이라 불렸다.

같은 문장구성유형에 속하고 의미적으로 비슷한 부류에 속하는 술어동사들, 예를 들어 〈ernennen ~라고 칭하다, wählen 선출하다, halten ~라고 여기다, einladen 초대하다, betrachten 생각하다/간주하다〉와 같은 동사들은 '전치사구' 또는 〈als〉나 〈wie〉와 결합한 동등목적격이 연결된다.

Wir ernennen/ wählen *ihn zum Vorsitzenden.*
우리가 그를 의장으로 임명/ 선출한다.

Wir halten *ihn für einen Dieb.*
우리는 그를 도둑으로 취급한다.

Wir laden *dich zu Gast* ein.
우리가 너를 손님으로 초대한다.

Wir betrachten *dich als unseren Freund.*
우리는 너를 우리들 친구로 간주한다.

Er betrachtet *sich als meinen Freund.*
그는 자신이 내 친구라고 생각한다.

⑩ Subjekt + Prädikat + Akkusativobjekt + Akkusativobjekt

Herr Meier lehrt uns Deutsch.
$[[\text{Herr Meier}]_{\text{Subjekt}}\ [[\text{lehrt}]_{\text{Prädikat}}\ [\text{uns}]_{\text{Akk-objek}}\ [\text{Deutsch}]_{\text{Akk-objek}}]_{\text{VP}}]_{\text{S}}$
마이어씨는 가르친다 우리에게 독일어를

이 문장구성유형[Satzbaupläne]에서와 같이 두 개의 4격 목적어와 결합하는 문장구조는 약간의 동사에서만 사용된다.[52] 〈lehren 가르치다〉과 〈kosten 값이다〉이 빈번히 사용되고 〈fragen 묻다〉과 〈abfragen 물어서 테스트하다〉도 두 개의 목적어를 갖는 동사로 분류된다.[53]

Er lehrt mich die Lieder Schuberts.
그가 나에게 슈베르트의 노래를 가르쳐 준다.

Das kostete ihn seinen Kopf.
그것은 그에게 목숨으로 대가를 치르게 했다.

Ihre Eifesucht kostete sie den Hals.
그녀의 질투에 대한 대가는 그녀의 목숨이었다.

Das kostet mich meinen Kragen.
그것은 나의 목을 요구한다.

---

52 같은 주어와 술어에 의해서 형성되는 동일한 두개의 4격 목적어를 포함하는 문장을 주어와 술어가 같다는 조건 그 자체로 두 문장을 결합하는 것은 불가능하다. 예를 들어 문장구조와 구성요소가 동일하고 더욱이 4격목적어를 포함하는 조건이 동일한 두개의 문장 〈Er fasste den Knaben. 그가 그 아이를 잡았다.〉 그리고 〈Er fasste den Arm. 그는 팔을 잡았다.〉는 4격목적어만 다르고 다른 문장구성성분이 동일하기 때문에 〈*Er fasste den Knaben den Arm. 그는 아이 팔을 잡았다.〉로 결합할 수 있을 것처럼 보인다. 하지만 이런 연결은 술어동사의 특성 때문에 불가능하고 〈Er fasste den Knaben am Arm. 그는 아이의 팔을 잡았다.〉와 같은 형태로 두 문장을 접합[zusammenfügen] 할 수가 있다.

53 동사 〈kosten〉은 12세기 프랑스어에서 수용된 이후 유동적으로 사람표시 4격과 3격의 사용에 나타난다. 동사 〈lehren〉의 경우는 17세기 이후에 사람표시의 3격으로 사용되는 것으로 Grimm에 규정된 반면 〈abfragen〉이나 〈abhören〉 같은 복합어들의 사용은 유동적이다. 〈fragen〉과 〈bitten〉은 예를 들어 〈Ich fragte dich etwas. 내가 너에게 무엇을 묻는다.〉, 〈Was hat er dich gefragt? 그가 너에게 무엇을 물었니?〉 그리고 〈Eins bitt'ich dich. 한 가지 부탁한다.〉에서 관찰할 수 있는 것과 같이 사람표시의 4격으로 굳어진 경향을 보인다. 이런 용법은 원래 '부분 소유격[partitiver Genitiv]'에서 유래하여 초기근대고지독어 이후에 나타난다.

Dieser Fehler kann dich die Stellung kosten.
이 과오는 너의 직위를 잃게 할 수도 있다.

Das kostet dich dein Vermögen.
그것은 너에게 너의 재산을 잃게 한다.

Das Buch koste mich 10 Euro.
그 책값은 10€이다.

Ich fragte ihn lateinische Vokabeln ab.
내가 그에게 라틴어 단어를 물어 테스트했다.

Er fragte mich schwierige Dinge.
그가 나에게 어려운 것들을 질문했다.

Das habe ich mich auch schon gefragt.
나는 그것을 이미 심사숙고 했다.

Ich frage mich, ob ich das tun kann.
내가 그 일을 할 수 있을지 자문한다.

하지만 위의 예문과는 다르게 동사 〈lehren 가르치다〉과 〈kosten 값이다〉과 함께 3격의 사람표시어가 사용되기도 한다. 아래의 예문을 살펴보면 사람을 표시하는 3격 사용을 오류로 생각하기는 어렵다.

Und dieses Zögern kostet *seinem Sohn* das Kaiserreich und *ihm selbst* die Freiheit(St. Zweig).
그리고 이 망설임은 그의 아들에게는 왕국을 그리고 자기 자신에게는 자유를 대가로 치뤄야 했다.

Das kann *mir* den Hals kosten(Brecht).
그것이 나를 죽일 수도 있다.

Es kann *dir* das Leben kosten(H. Hesse).
그것은 너에게 목숨으로 대가를 치르게 할 수도 있다.

Aber *dem Zilpzalb* kostet es das Leben(Hausmann).
그러나 그것은 Zilpzalp에게 목숨을 잃게 한다.

〈lehren 가르치다〉, 〈kosten 값이다〉과 같이 사용되는 3격은 수동 문장에서 이미 고착화 되어 있고, 아래 예문처럼 부문장이나 원형부정문^Infinitivsatz 앞에서도 사용되고 있다.

Mir ist Dankbarkeit gelehrt worden.
나는 감사하는 법을 배웠다.

Ich bin (von meinem Vater) gelehrt worden, dass dies meine Pflicht ist.
나는 이것이 내 의무라고 교육받았다.

Wir sind (von meinem Vater) gelehrt worden, dankbar zu sein.
우리는 감사할 줄을 아는 방법을 배웠다.

특히, 〈lehren 가르치다〉, 〈abfragen 물어서 테스트하다〉등의 동사가 수동의미, 즉 〈(die Sache), die gelehrt〉, 〈die abgefragt wird〉 같은 의미를 포함하는 경우에는 사람표시어가 4격으로 사용된다.

Er lehrte auch die fremden Kinder.
그가 외국아이들을 가르친다.

Er hat die Klasse abgefragt.
그가 그 학급학생들에게 물었다.

⑪ **Subjekt + Prädikat + Dativobjekt + Präpositionalobjekt**

Ich rate euch zum Nachgeben.

$[[\text{Ich}]_{\text{Subjekt}}\ [[\text{rate}]_{\text{Prädikat}}\ [\text{euch}]_{\text{Dativobjek}}\ [\text{zum Nachgeben}]_{\text{Präp-objekt}}]_{\text{VP}}]_{\text{S}}$
나는 충고한다 너희들에게 포기하기를

이 문장구성유형^Satzbaupläne 에서는 주어의 행위가 전치사 목적어와 직접 관련되어 있다. 이 행위가 사람과의 관련성을 표시하는 것으로 이해되고, 관련된 사람은 3격목적어로 표시된다.

Mein Freund berichtet *meiner Mutter* über mein Examen.
내 친구가 내 어머니에게 내 시험에 관해 알렸다.

Ich verhelfe meinem Freunde zu einer Stellung.
내가 친구에게 직장을 얻도록 도움을 준다.

Es fehlt mir an Geld.
나는 돈이 없다.

Es liegt mir an deiner Freundschaft.
나에게는 너의 우정이 중요하다.

Er hat mir zu meinem Recht verholfen.
그가 내 권리를 찾는데 나를 도와주었다.

Er hat mir zum Erfolg verholfen.
그가 내가 성공하도록 도와주었다.

Noch drei Punkte fehlen ihm zum Sieg.
승리하기 위해 그에게 아직 3점이 부족하다.

Es fehlt uns an allem.
우리에게는 모든 것이 부족하다.

Fehlt dir etwas?
부족한거 있니?/어디 아프니?

Es lag mir viel an ihm.
나에겐 그 사람이 매우 중요했다.

Dieses Laster wird ihm zum Verhängnis.
이 악습이 그에게 불행이 된다.

Aus Liebe wird mir Hass.
나의 그 사랑이 변하여 증오가 된다.

Er gratuliert mir zum Geburtstag.
그가 내 생일을 축하한다.

⑫ **Subjekt + Prädikat + Dativobjekt + Artergänzung**

Es geht ihm schlecht.

$[[Es]_{Subjekt}\ [[geht]_{Prädikat}\ [ihm]_{Dativobjek}\ [schlecht]_{Artergänzung}]_{VP}]_{S}$

. . . 이다 그에게 나쁜/좋지 않은

이 문장구성유형[Satzbaupläne]에서도 가치를 부여하는 대상표시는 3격으로 나타난다. 특정한 형용사 또는 형용사처럼 사용되는 분사와 결합하면 형용사에 종속하는 것으로 이해될 수 있다(아래 3.4장 참조).

Es tut mir leid.
미안합니다.

Ich bin dem Studium leid.
나는 공부에 싫증난다.

Er wurde der Erörterung leid.
그는 그 논의에 싫증이 났다.

Diese Arbeit ist ihm längst leid.
그는 오래전에 이 일에 싫증이 났다.

Seine zornigen Äusserungen waren ihm leid.
그가 화내서 한말이 후회스러웠다.

Das wird dir noch einmal leid tun.
너는 그것을 또 다시 후회할 것이다.

Es tut mir sehr/schrecklich leid, dass ich Sie gestört habe.
내가 당신을 방해한 것은 매우 미안합니다.

Es wird mir zu bunt.
나는 참을 수 없다.

Dein Benehmen steht dir frei.
네 행동은 너의 자유이다.

Diese Arbeit fällt ihm leicht.
이 일은 그에게 쉬워 보인다.

Deine Liebe tut ihm wohl.
너의 사랑이 그에겐 약이 된다.

Mir ist nicht wohl.
내 마음이 언짢다.

Mir ist nicht recht wohl beider Sache.
나는 두 사건으로 인해 기분이 좋지 않다.

Lass es dir wohl ergehen!
성공을 비네! / 잘해보게!

Das Kleid steht ihr gut.
그 옷이 그녀에게 잘 어울린다.

Der Hut steht meinem Vater gut.
모자가 아버지에게 잘 어울린다.

Die Kur ist ihm schlecht bekommen.
요양이 그에겐 효과가 없었다.

Das Essen ist mir gut/schlecht bekommen.
그 음식이 내 입에 잘 맞는다/ 맞지 않는다.

Das kam ihm zugute.
그것은 그에게 유용했다.

Das wurde mir zuteil.
그것이 나에게 할당되었다.

Ich stehe ihm zu Diensten.
나는 그를 위해 근무한다.

Er war mir zu Diensten.
그는 나를 위해 일한다.

Ich bin ihm gewogen.
나는 그에게 호의를 가지고 있다.

Er war/ blieb/ zeigte sich mir stets gewogen.
그는 항상 나에게 호의를 가지고 있었다.

⑬ Subjekt + Prädikat + Präpositionalobjekt + Präpositionalobjekt

Er sprach zu den Kindern über seine Reise.

$[[\text{Er}]_{\text{Subjekt}}\ [[\text{sprach}]_{\text{Prädikat}}\ [\text{zu den Kindern}]_{\text{Präp-objekt}}\ [\text{über seine Reise}]_{\text{Präp-objekt}}]_{\text{VP}}]_{\text{S}}$

그는 말했다 아이들에게 그의 여행에 대해

이 문장구성유형에서는 의미를 부여하는 실제/그 무엇이 부가적인 전치사목적어로 나타난다.

Ich einige mich *mit ihm über die Höhe* des Schadenersatzes

나는 그 사람과 손해배상의 정도에 대해 의견을 같이 한다.

Ich wette *mit ihm um eine Flasche Bier.*

나는 그와 맥주 한 병 내기를 한다.

Darauf wettet er *mit seinem Kopf.*

그가 그것에 목숨을 걸었다.

Ich lasse mich *mit ihm in ein Gespräch* ein.

나는 그 사람과 대화한다.

Ich habe mich *mit ihr auf ein Abenteuer* eingelassen.

나는 그녀와 모험을 했다.

Er klagt *auf Schadenersatz gegen Herrn Meier.*

그가 마이어씨를 대상으로 손해배상을 제소한다.

Er stimmt *mit mir in dieser Frage* überein.

그는 나와 이 의문에 대해 의견의 일치를 본다.

In diesem Punkt stimme ich mit ihm überein.

나는 이 점에서 그와 같은 생각이다.

Er rächte sich *an ihm für diese Schmach.*

그는 이 치욕에 대해 그 사람에게 복수했다.

3.4 [주어]Subjekt 이외의 두 개의 보충어가 종속 결합되어 있는 문장

① **Subjekt + Prädikat + [**Dativobjekt **+ Artergänzung]**

Sie sieht ihrer Mutter ähnlich.

$[[\text{Sie}]_{\text{Subjekt}}$ $[[\text{sieht}]_{\text{Prädikat}}$ $[[\textit{ihrer}\ \text{Mutter}]_{\text{2.Dativobjek}}$ $[\textit{ähnlich}]_{\text{Artergänzung}}]]_{\text{VP}}]_{\text{S}}$

그녀는 보인다 그녀 어머니를 닮아

이 문장구성유형[Satzbaupläne]에서 3격목적어는 주어와 관련된 목적어가 아니라 형용사 〈ähnlich 닮은〉를 통하여 연계된, 즉 형용사 〈ähnlich〉와 종속관계에 있는 3격목적어로 분류된다. 이런 종속관계를 나타내는 형용사와 형용사로 사용되는 분사의 예는 아래와 같다.

Dieses Buch ist jenem Buch *ähnlich*.
이 책은 저책과 비슷하다.

Die Krankheit ist ihm *angeboren*.
이 병은 그에게 선천적이다.

Davon ist mir nichts *bekannt*.
나는 그것에 대해 아는 바 없다.

Die Melodie kommt mir *bekannt* vor.
그 곡은 나에게 낯설지 않다.

Das Essen ist meinem Kind *bekömmlich*.
이 음식은 내 아이에게 소화가 잘 된다.

Diese Familie ist mir *benachbart*.
이 가족은 내 이웃에 살고 있다.

Die Folgen meines Handelns waren mir durchaus *bewusst*.
내 행동의 결과는 나에게 아주 자명했다.

Sein Verhalten war der Sache wenig *dienlich.*
그의 태도는 그 일에 별로 유익하지 못했다.

Er ist ihr blind *ergeben.*
그는 그녀에게 맹목적 이었다.

Ich bin dem Alkohol *feind.*
나는 술하고 상극이다.

Seoul ist meiner Heimat *fern.*
서울은 내 고향에서 멀리 떨어져 있다.

Er ist mir *freund.*
그는 나에게 호의적이다.

Die Studentin bleibt mir *freund.*
그 여대생은 나에게 호의적이다.

Das ist meinem Geschmack *gemäss.*
그것은 내 구미에 알맞다.

Sie ist mir *geneigt.*
그녀는 나에게 호의가 있다.

Er war/ blieb/ zeigte sich mir stets *gewogen.*
그는 언제나 나에게 호의를 베풀었다.

Es ist mir völlig *gleich*, was du dazu sagst.
네가 무엇이라 말하던지 나에겐 전혀 상관없다.

Sie ist ihm nicht *gleichgültig.*
그녀는 그에게 중요하다/그가 그녀를 사랑하고 있다.

Sie ist/ bleibt/ wird mir *gram.*
그녀는 나를 원망하고 있다.

Er ist diesem Essen *leid.*
그는 이 음식에 질렸다.

Diese Arbeit ist mir längst *leid.*
이 일에 대해서 오래 전부터 나는 싫증이 났다.

Es tut mir *leid*, dass ich nicht kommen kann.
내가 갈 수 없어서 유감이다.

Es wäre mir *lieber*, wenn ich viel Geld hätte.
내가 돈이 많다면 더 좋을 텐데.

Wenn dir dein Leben *lieb* ist, dann verschwinde!
네 목숨이 아깝다면, 꺼져라!

Komm mir nicht zu *nahe*!
나에게 너무 가까이 오지마라!

Das ist mir *nützlich*.
그것은 나에게 이롭다.

Viele Bücher zu lesen ist uns *nützlich*.
책을 많이 읽는 것은 우리에게 유익하다.

Die Zigarette ist unserer Gesundheit *schädlich*.
담배는 우리 건강에 해롭다.

Die Ehefrau ist/ bleibt dem Ehemann *treu*.
부인이 남편에게 정절을 지킨다.

Er ist/ bleibt seinem Glauben *treu*.
그는 자기의 신앙에 충실하다.

Sie ist mir *verwandt*.
그녀는 나와 친척간이다.

② Subjekt + Prädikat + [Genitivobjekt + Artergänzung]

Er ist des Diebstahls schuldig.

$[[\text{Er}]_{\text{Subjekt}}$ $[[\text{ist}]_{\text{Prädikat}}$ $[[\textit{des}\ \text{Diebstahls}]_{\text{2.Genitivobjekt}}$ $[\textit{schuldig}]_{\text{Artergän zung}}]$

그는 있다 절도의 죄가

$_{\text{VP}}]_{\text{S}}$

이 문장구성유형Satzbaupläne에서 2격목적어 〈des Diebstahls〉는 형용사 〈schuldig〉의 결합가로 인해 요구되는 2격 목적어이다. 비록 제한된 영역에서 사용되지만 아직도 빈번하게 사용되는 소유격 요구하는 형용사는 다음과 같다.

Sie ist der Ruhe *bedürftig*.
그녀는 안정이 필요하다.

Sie ist meiner *bedürftig*.
그녀는 나를 필요로 한다.

Er war der Lage *kündig*.
그는 그 상황을 잘 알고 있었다.

Ich bin der deutschen Sprache *mächtig*.
나는 독일어를 구사할 수 있다.

Er war des Diebstahls *verdächtig*.
그가 절도혐의를 받았다.

〈fähig ~할 능력이 있는, gewahr ~을 알게되다, müde 피곤한, satt 배부른, wert 가치가 있는〉와 같은 형용사들은 소유격 대신에 '4격목적격'이나 '전치사목적격'이 함께 나탄가도 한다. 예를 들어

Er ist zu dieser Tat *fähig*.
그는 이 일을 할 수 있다.

Wir wurden unseres Irrtums/ unseren Irrtum *gewahr*.
우리는 우리의 오류를 알게 되었다.

Ich bin des Redens *müde*.
나는 그 연설 때문에 피곤하다.

Ich bin *müde* von dieser Arbeit.
나는 이 일로 지쳤다.

Er ist keiner Beachtung *wert*.
그는 존경받지 못한다.

Das Mädchen schien ihm einen Tanz *wert*.
그 소녀와 춤 정도는 출 수 있어 보였다.

그리고 형용사 〈los 풀린/떨어진〉와 〈gewohnt 익숙한/습관이 된〉는

소유격 대신 이미 4격목적어와 함께 사용되고 있다.

Ich bin ihn *los*.
나 그 사람으로부터 벗어났다.

Meine Erkältung bin ich immer noch nicht *los*.
나는 아직도 감기에서를 떨쳐버리지 못하고 있다.

Ich bin diese Arbeit *gewohnt*.
나는 이 일에 익숙하다.

Die kleine Frau war harte Arbeit *gewohnt*.
조그마한 부인이 힘든 작업에 익숙했다.

하지만 4격 목적어가 〈sein〉동사보다는 〈haben〉동사와 결합하는 것이 독일어 문장에서 일상적이기 때문에 개별 언어공동체Sprachgemeinschaft에서는 이미 〈haben〉이 술어문장으로 대치되는 것을 볼 수 있다.[54]

Ich bin den Streit satt.
나는 싸움에 싫증났다.

⇒ Ich habe den Streit satt.

Ich bin meinen Husten los.
내 기침이 나았다.

⇒ Ich habe meinen Husten los.

54 또한 '4격 목적어'의 사용과 함께 예를 들어 〈Ich schenke meiner Mutter Blumen〉 같은 문형과 유사한 형태로 '3격 목적어'가 아래 예시 같이 사용되기도 한다.
〈Ich bin ihm keinen Pfennig schuldig. 나는 그에게 한 푼도 빚이 없다.〉
〈Ich bin ihm grossen Dank schuldig. 나는 그에게 크게 감사해야 한다.〉
〈Ich bin ihm keinen Rechenschaft schuldig. 나는 그에게 해명할 필요가 없다.〉

③ **Subjekt + Prädikat + [Präpositionalobjekt + Artergänzung]**

Ich bin auf deinen Bericht gespannt.

$[[\text{Ich}]_{\text{Subjekt}}\ [[\text{bin}]_{\text{Prädikat}}\ [[\textit{auf}\ \text{deinen Bericht}]_{\text{2.Präp-objekt}}\ [\textit{gespannt}]_{\text{Artergänzung}}]]_{\text{VP}}]_{\text{S}}$

나는 있다 네 보고서를 기대하고

문장구성성분간의 종속관계를 지배하는 형용사와 형용사로 사용되는 분사로 인해 필수적으로 요구되는 '종속전치사목적어'를 포함하는 문장구성유형[Satzbaupläne]에 속하는 문장은 상대적으로 많다. 이런 유형에서는 전치사목적어가 주어의 행위나 상태에 적합한 대상을 지칭하고 이들 '방법보충어'의 대부분은 주어의 행위나 상태를 표시한다(위의 3.3장 ⑦형 참조). 예시 문장에서도 확인할 수 있듯이, 종속되는 전치사목적어를 요구하는 형용사의 대부분은 완료형을 구성하는 완전동사의 과거분사이거나 형용사가 부사적 기능을 하는 경우, 즉 동사와 함께 술어를 형성하는 경우이다.

Ich bin *von* den Eltern finanziell *abhängig*.
나는 경제적으로 부모님께 의존한다.

Sie ist *auf* mich *angewiesen*.
그녀는 나에게 의지하고 있다.

Er ist auf sich selbst angewiesen.
그는 자기 스스로에 의지하고 있다/다른 사람의 도움이 없다.

Sie ist *ärgerlich auf/über* mich über den Misserfolg.
그녀는 그 실패 때문에 나에게 화나 있다.

Er ist *von* Pflegeeltern *aufgebracht* worden.
그는 양육부모에 의해서 자랐다.

Wir sind *begierig auf* seinen Besuch.
우리는 그가 방문하기를 고대한다.

Ich bin *begierig nach* Besitz dieses Hauses.
나는 이 집의 소유를 열망한다.

Ich bin *bekannt mit* ihr.
나는 그녀를 알고 있다.

Er ist *bekannt für* seinen Geiz/*wegen* seines Geizes.
그는 인색하다고 알려졌다.

Ich bin noch *mit* keinem Menschen näher *bekannt*.
나는 아직 아무도 알지 못한다.

Er ist *bei* seinen Kollegen nicht *beliebt*.
그는 동료 사이에서 인기가 없다.

Er macht sich *bei* mir *beliebt*.
그가 나에게 아첨한다.

Er ist *durstig nach* Wissen.
그는 지식을 갈망한다.

Er ist *eifersüchtig auf* mich.
그가 나를 시기한다.

Er ist masslos *auf* seine Stellung *eingebildet*.
그는 자기 지위에 대해서 한없이 자만한다.

Er war *entrüstet über* das, was hier geschah.
그는 여기에서 일어난 일에 대해서 격노하였다.

Ich bin *entschlossen zu*r Abreise.
나는 떠나기로 결심했다.

Er ist *mit* dem Essen *fertig*.
그는 식사가 끝났다.

Ich bin *mit* ihm *fertig*.
나는 그 사람과 끝냈다/절교했다.

Er wird *mit* ihr *fertig*.
그는 그녀와 절교하려 한다.

Er ist immer rasch *fertig mit* seinen Antworten.
그의 언제나 빠르게 척척 대답한다.

Er ist sehr *frei im* Gespärch.
그는 거리낌 없이 대화한다.

Ich bin jetzt *frei für* dich.
나는 지금 너를 위해 시간여유가 있다.

Der Film ist *frei für* Jugendliche ab 16 Jahren.
그 영화는 16세 이상 청소년이 입장할 수 있다.

Er machte sich *frei von* vorurteilen.
그는 편견에서 벗어났다.

Ich bin *froh über* diese Lösung.
나는 이 해결에 만족한다.

Er ist *froh über* diese Erfolg.
그는 자신의 성공에 기뻐한다.

Er ist *gefeit gegen* Vorwürfe.
그는 비난에도 끄덕 없다.

Er ist *zu*m Lehrer *geeignet.*
그는 교사로 적합하다.

Er benahm sich *gleichgültig gegen* sie.
그는 그녀에게 무관심하게 행동했다.

Ich bin *gleichgültig gegenüber* ihm.
나는 그에게 무관심하다.

Ich bin *hart gegen* ihn/*zu* ihm.
나는 그에게 엄하게 대했다.

Ich bin *interessiert an* ihr.
나는 그녀에게 관심이 있다.

Ich bin *krank an* Leib und Seele.
나는 심신이 병들어 있다.

Er ist krank vor Heimweh/ Liebe.
그는 향수병/ 상사병에 걸려있다.

Er liegt *krank zu/ im* Bett .
그가 아파서 누워있다.

Ich bin *neidisch auf* ihn.
나는 그 사람을 질투한다.

Ich bin *traurig über* ihn.
나는 그 사람을 애도한다.

Er ist sehr *tüchtig in* seinem Fach.
그는 자기분야에서 매우 유능한 사람이다.

Er hat *sich in* sie *verliebt.*
그가 그녀에게 홀딱 반했다.

⇒ Er ist verliebt in sie.
Ich bin *verlobt mit* meiner Jugendfreudin.
나는 어릴 때 친구와 약혼했다.

Er ist sehr *zornig auf* mich.
그가 나에게 매우 화가나 있다.

Ich bin *zufrieden mit* ihm.
나는 그에게 만족한다.

Damit musst du zufrieden sein.
이것으로 만족해야 된다/더 이상 요구해서는 안 된다.

다음 예문에 나오는 '방법보충어'들이 '사물을 표시하는 주어'와 함께 사용된다.

Früchte sind *arm an* Vitaminen.
과일에는 비타민이 적다.

Der Bergsport ist *interessant für* mich.
산악스포츠가 나의 관심을 끈다.

Die Zigarette ist *nachteilig für* mich/ meine Gesundheit.
담배는 내 건강에 해롭다.

Der Sport ist *nützlich für* Gesundheit.
운동은 건강에 이롭다.

Das Kleid ist *passend für* sie.
그 옷이 그녀에게 꼭 맞는다.

Der Hut ist *passend für* mich.
이 모자가 나에게 어울린다.

Der Wald ist *reich an* Wild.
이 숲에는 야생동물이 많다.

Vitamine sind *für* die Ernährung überaus *wichtig*.
비타민은 영양섭취를 위해 매우 중요하다.

④ **Subjekt + Prädikat + [Artergänzung +** <u>Raumergänzung</u>**]**

Er ist in München ansässig.

$[[\text{Er }]_{\text{Subjekt}}\ [[\text{ist}]_{\text{Prädikat}}\ [[\text{ansässig}]_{\text{Artergänzung}}\ [\text{in München}]_{\text{2.Raumergänzung}}]]_{\text{VP}}]_{\text{S}}$

그는 = 거주하다 뮨헨에

이 문장구성유형[Satzbaupläne]에서 형용사 〈ansässig〉를 통해 주어가 처해 있는 상태가 특정한 장소만 생각할 수 있기 때문에, 이 장소는 함께 거명되어야만 한다. 따라서 이 유형의 형용사에 의해 요구되는 '공간 보충어'는 같은 어휘영역에 포함되는 분사들과 함께 사용되고 관청의 행정용어에서 많이 관찰된다. 우선 어휘영역 〈wohnen ~에 거주한다〉와 관련된 분사들과 함께 사용된 문장은 다음과 같다.

Er war *in* Ostpreussen *begütert*.
그는 동부 프로이센에 부동산이 많다.

Er ist *in* Magdeburg *beheimatet*.
그는 막데부르크에 정착하였다.

Sie ist *in* München *wohnhaft*.
그녀는 뮌헨에 살고 있다.

Sie sit *in* Zürich *heimatberechtigt.*
그녀는 쮜리히에 시민권이 있다.

그 밖에도 다른 형태의 상태표시표현에도 종속공간보충어가 올 수 있다.

Das ist hier.
그게 바로 여기다.

Das ist bei uns nicht üblich.
그것은 우리한테는 일상적인 것이 아니다.

Das ist im Gebrauch.
그것은 사용되고 있다.

종속공간보충어는 색깔이 사람과 연계되는 경우에도 사용된다.

Du bist weiss am Ärmel.
너의 옷소매가 하얗다.

Sie ist rot im Gesicht.
그녀의 얼굴이 붉다.

Er ist schwarz an der Nase.
그의 코가 검다.

⑤ **Subjekt + Prädikat + [**Akkusativobjekt **+ Artergänzung]**

Der Spalt ist einen Fuss breit.

$[[\text{Der Spalt}]_{\text{Subjekt}}\ [[\text{ist}]_{\text{Prädikat}}\ [[\text{einen Fuss}]_{\text{2.Akk-objek}}\ [\text{breit}]_{\text{Artergänzung}}]]_{\text{VP}}]_{\text{S}}$

그 틈은 강 하나(만큼/정도) 넓은

척도와 연계되어 '일정한 크기를 지닌' 또는 '일정한 양이 되는'

의 뜻을 나타내는 〈alt 오래된/늙은〉, 〈breit 넓은〉, 〈dick 굵은〉, 〈entfernt 먼/멀리 떨어진〉, 〈hoch 높은〉, 〈lang 긴〉, 〈tief 깊은〉, 〈schwer 무거운〉, 〈wert 값진/귀중한〉, 〈weit 멀리〉와 같은 척도를 표시하는 형용사는 이 문장구성유형[Satzbaupläne]에서 4격 종속목적어가 필요하다.

Das Baby ist erst einen Monat *alt.*
이 아이는 생후 1개월이 되었다.

Das Kind ist noch nicht 1 Jahr *alt.*
그 아이는 나이가 1살도 되지 안했다.

Die Tür ist einen Meter *breit.*
그 문은 넓이가 1m다.

Sein Garten ist 25 Schritte *breit.*
그의 정원은 폭이 25보나 된다.

Die Bretter sollen fünf Zentimeter *dick.*
그 판자는 두께가 5Cm이란다.

Wir wurden unseren Irrtum schnell *gewah*r.
우리는 우리의 잘못을 빠르게 알아차렸다.

Wir wurden die Gefahr zu spät *gewahr.*
우리는 위험을 너무 늦게 알았다.

Ich bin den schlimmen Lärm nicht *gewöhnt.*
나는 그 소음에 익숙하지 않다.

Er war die tägliche Pflege *gewohnt.*
그는 일상적인 간병에 익숙해졌다.

Wie groß ist das? - Das ist einen Fuß *groß.*
크기가 얼마나 되지? 그 크기가 1피트다.

Der Schrank ist 2 Meter *groß.*
그 장농은 높이가 2m다

Der Berg ist 2784 Meter *hoch.*
그 산은 높이가 2784m다.

Unser Haus ist 3 Stockwerke *hoch*.
우리 집은 4층 높이 건물이다.

Dieser Fluß ist 345 Km *lang*.
이 강은 길이가 345Km이다.

Wir arbeiten schon einen Monat *lang*.
우리는 벌써 1개월 일을 했다.

Das Paket ist 10 Kilogramm *schwe*r.
그 소포는 무게가 10Kg이다.

Der Fisch war 3 Kilo *schwer*.
이 생선의 무게는 3Kg이었다.

Das Heer war 10,000 Mann *stark*.
그 부대는 10,000명 병력이었다.

Die Grube ist 3 m *tief*.
그 웅덩이의 깊이는 3m이다.

Chungangro ist 50 Meter *weit*.
중앙로는 폭이 50m이다.

Der Weg ist 30 m *wei*t.
그 길은 폭이 30m이다.

Das Buch ist zwei Euro *wert*.
그 책값은 2유로이다.

Diese Vorstellung ist den Preis *wert*.
이번 공연은 제 값을 한다.

Einen Solchen Lärm bin ich nicht *gewöhnt*.
나는 그런 소음에 익숙하지 못하다.

Der Turm ist 15 m *hoch*.
그 탑은 높이가 15 m 이다.

Die Tafel ist 3 m *lang*.
그 칠판은 길이가 3 m 이다.

Ich bin froh, dass ich ihn endlich *los* bin.
내가 결국 그를 떨쳐버려서 매우 기쁘다.

Ich bin mein Geld *los*.
나는 돈을 잃었다.

Der Sack ist 50 kg *schwer*.
그 푸대는 무게가 50 kg 이다.

Die Kette ist 10,000 Euro *wert*.
그 목걸이는 만유로 가치가 있다.

⑥ **Subjekt + Prädikat + [**Akkusativobjekt **+ Raumergänzung]**

Er geht die Treppe hinunter.

$[[\text{Er}]_{\text{Subjekt}}\ [[\text{geht}]_{\text{Prädikat}}\ [[\text{die Treppe}]_{\text{2.Akk-objek}}\ [\text{hinunter}]_{\text{Raumergänzung}}]]_{\text{VP}}]_{\text{S}}$

그는 간다 계단(들) 아래쪽으로

이 문장구성유형[Satzbaupläne]에 속하는 문장의 사용 빈도는 높지 않다.

Wie stiegen den Berg *hinauf*.
우리가 산에 오른다.

Er geht die Straße *hinunter*.
그가 그 길을 내려간다.

Ich schlendere die Wiesen *entlang*.
내가 초원을 따라서 느릿느릿 걷는다.

Er lagerte einen Steinwurf *von hier*.
그가 여기에서 돌팔매질 거리에 있다.

Mein Freund sitzt drei Reihen *weiter*.
내 친구가 세 좌석 열 떨어져서 앉아 있다.

3.5 [주어]Subjekt 이외의 세 개의 보충어가 종속 결합되어 있는 문장

① **Subjekt** + **Prädikat** + [Dativobjekt + Präpositionalobjekt + **Artergänzung**]

Er ist mir an Fleiss überlegen.

[[Er]Subjekt [[ist]Prädikat [[mir]2.Dativobjek [an Fleiss]2.Präp-objekt [überlegen]Artergänzung]]VP]S
그는 하다 나보다 부지런함에서 우월한

이 문장구성유형Satzbaupläne에서는 '방법보충어'를 통하여 표현된 주어의 상태가 고려되는 대상을 표시하는 '전치사목적어' 뿐만 아니라, 주어와 함께 파트너 관계에 있는 사람을 지칭하는 '3격 목적어'도 요구한다.

Er ist mir im Charakter *gleich/ ähnlich.*
그 사람은 나와 성격이 같다/ 비슷하다.

Er wird mir an Tapferkeit *ebenbürtig* sein.
그 사람은 나와 용감성에서 대등하다.

Karl war mir in der Musik *voraus.*
카알은 음악에 있어서 나보다 우월하다.

Sie sahen sich einander täuschend *ähnlich.*
그들은 서로 구분할 수 없을 정도로 닮았다.

Ähnlich einem Pfeil schoss der Düsenjäger durch dem Himmel.
제트 전투기가 쏜살같이 창공을 날아 왔다.

Im Rechnen ist sie ihm *voraus.*
계산에 있어서는 그녀가 그 사람보다 더 뛰어난다.

② **Subjekt + Prädikat + [Akkusativobjekt + Akkusativobjekt + Artergänzung]**

Er wirft den Ball 70m weit.

$[[\text{Er}]_{\text{Subjekt}}\ [[\text{wirft}]_{\text{Prädikat}}\ [[\text{den Ball}]_{\text{1.Akk-objek}}\ [\text{70m}]_{\text{2.Akk-objek}}\ [\text{weit}]_{\text{Artergänzung}}]]_{\text{VP}}]_{\text{S}}$

그는 던진다 공을 70미터 멀리

형용사 〈weit〉는 척도와 연계되어 '일정한 크기를 지닌' 또는 '일정한 양이 되는'의 뜻을 나타내는 형용사 그룹에 포함된다. 여기에서는 주어의 1차 4격 목적어와 함께 다른 한 개의 목적어가 사용된다. 이들 문형에서 형용사에 종속되는 4격 종속목적어는 주어나 목적어의 운동이 시작되는 단위나 정도를 표시한다. 이런 종류의 문장들은 다음과 같다.

Er macht *den Graben* 10 m *breit.*
그가 구덩이를 10m 넓이로 만든다.

Er gräbt *das Loch* 8 m *tief.*
그가 웅덩이를 8m 깊이로 판다.

Er stösst *die Kugel* 20 m *weit.*
그가 포환을 20m 멀리 던진다.

Er schiesst *den Pfeil* 50 m *hoch.*
그가 화살을 50m나 높게 쏘아 올린다.

Er schmiert *die Butter* zwei Finger *dick.*
그가 버터를 손가락 2개 정도 두껍게 바른다.

Der Zimmer Mann machte *das Brett* 50 cm *breit.*
목수가 판자의 폭을 50cm로 만들었다.

Die Pflanze schlägt *die Wurzeln* 1 m *tief.*
식물이 1m나 깊게 뿌리를 내렸다.

Die Kinder häuften *den Schnee* 2 m *hoch* auf.
아이들이 눈을 2m나 높게 쌓았다.

③ **Subjekt + Prädikat + [Akkusativobjekt + Akkusativobjekt + Raumergänzung]**

Sie warfen ihn die Treppe hinunter.

$[[\text{Sie}]_{\text{Subjekt}}\ [[\text{warfen}]_{\text{Prädikat}}\ [\text{ihn}]_{\text{1.Akk-objek}}\ [\text{die Treppe}]_{\text{2.Akk-objek}}$

그들은 던졌다 그를 계단

$[\text{hinunter}]_{\text{Raumergänzung}}]]_{\text{VP}}]_{\text{S}}$

아래로

이 문장구성유형^Satzbaupläne^에 속하는 문장들은 다음과 같다.

Sie zogen *den Schlitten* den Berg *hinauf*.

그녀가 썰매를 산위로 끌고 올라갔다.

Er rollte *den Wagen* die Böschung *hinunter*.

그가 자동차를 언덕 아래로 굴렸다.

Sie schoben *die Leiter* drei Regale *weiter*.

그들이 사다리를 서가 세 개만큼 저쪽으로 밀고 갔다.

Sie liessen *ihn* 5 m *hinunter*.

그들이 그 사람을 5m 아래로 밀어뜨렸다.

3.6 [주어]$_{\text{Subjekt}}$ 이외의 소유의 3격$_{\text{Pertinenzdativ}}$이 결합하는 문장

① Subjekt + Prädikat + Pertinenzdativ

Die Hand blutet dem Kind.

$[[\text{Die Hand}]_{\text{Subjekt}}\ [[\text{blutet}]_{\text{V=Prädikat}}\ [\text{dem Kind}]_{\text{Pertinenzdativ}}]_{\text{VP}}]_{\text{S}}$

손이 피를 흘린다 어린이의

Dem Kind blutet die Hand.
아이의 손에서 피가 난다.

Dem Mann schmerzt das Bein.
그 사람은 다리 통증을 느낀다.

Ihr tränen die Augen.
그녀의 눈에서 눈물이 난다.

Dem Geschäftsmann hat das Unternehmen schwer geblutet.
사업가가 사업에서 많은 손해를 보았다.

Der Studentin hat der Kopf geschmerzt.
그 여대생은 머리가 아팠다.

Der Studentin hat die Wunde geschmerzt.
그 여대생의 상처가 아팠다.

Dem Schüler zitterten die Hände.
그 아이의 손이 떨린다.

Ihm brennt die Füsse.
그의 발이 화끈거린다.

Mir friert die Nase.
내 코가 시리다.

Dem Bauern verendet das Vieh.
농부의 가축이 죽어간다.

Ihm brannte das Haus ab.
그 사람의 집이 불타버렸다.

신체적 감각을 나타내는 동사에서는 자주 4격이 3격과 혼합사용이 관찰된다. 이런 경우를 소유의 목적격[Pertinenzakkusativ]이라 한다.

Die Füsse schmerzen mich.
내 다리가 아프다.

Ihn juckt das Fell.
그 사람이 좀이 쑤셔하다.

Die Nase friert ihn.
그의 코가 시리다.

이런 경우 '방법보충어'가 첨가되기도 하는데, 〈weh tun ~이 아프다〉와 연계되어 제한적으로만 사용된다.

Dem Kind tut die Hand weh.
그 아이는 손이 아프다.

② **Subjekt + Prädikat + Akkusativobjekt + Pertinenzdativ**

Er streichelt ihr die Wangen.

$[[\text{Er}]_{\text{Subjekt}}\ [[\text{streichelt}]_{\text{V=Prädikat}}\ [\text{ihr}]_{\text{Pertinenzdativ}}\ [\text{die Wangen}]_{\text{Akk-objek}}]_{\text{VP}}]_{\text{S}}$

그가 쓰다듬었다 그녀의 뺨을

소유의 3격이 4격목적어하고 결합하는 문장구성유형[Satzbaupläne]에 속하는 문장들은 다음과 같다.

Er streichelt ihr die Wangen.
그 사람이 그녀의 뺨을 어루만진다.

Die feiner Sprühregen streichelte ihnen die erhitzten Gesichter.
가는 가랑비가 그들의 뜨거워진 얼굴들을 어루만져 주고 있었다.

Der Geliebte streichelt zärtlich der Geliebten die Wangen.
사랑하는 남자가 사랑하는 여인의 뺨을 정겹게 쓰다듬어 준다.

Sie kämmt dem Kind das Haar.
그녀가 아이의 머리를 빗질한다.

Du musst dir noch die Haare kämmen.
너 아직 머리 빗어야 된다.

Die Mutter reinigt ihrer Tochter die Fingernägel.
어머니가 딸의 손톱을 다듬어 준다.

Er wäscht dem Mann den Wagen.
그가 그 남자의 자동차를 세차한다.

Der Friseur wäschte mir die Haare.
이발사가 내 머리를 씻겨 주었다.

Er bürstet dem Pferd das Fell.
그 사람이 말의 털을 빗질한다.

Er bricht dem Käfer ein Bein.
그가 무당벌레의 다리하나를 부러트린다.

Tränen brachen ihr die Augen.
그녀의 눈에서 눈물이 흘렀다.

Die Friseurin bürstet mir die Haare.
여자 미용사가 내 머리를 빗질한다.

Er zog mir einen Zahn.
그가 내 이 하나를 뽑았다.

Er hat mir das Fell über die Ohren gezogen.
그 사람이 나를 속였다.

③ **Subjekt + Prädikat + Akkusativobjekt + Artergänzung + Pertinenzdativ**

Der Arzt richtet ihr die Nase gerade.

[[Der Arzt]$_{Subjekt}$ [[richtett]$_{V=Prädikat}$ [ihr]$_{Pertinenzdativ}$ [gerade]$_{Artergänzung}$

그 의사가 교정했다 그녀의 곧게

[die Nase]$_{Akk\text{-}objek}$]$_{VP}$]$_{S}$

코를

이 종류의 문장구성유형^{Satzbaupläne}에 속하는 문장들은 사용 빈도가 적다.

Der Arzt richter ihr die Nase gerade.

의사가 그녀의 코를 반듯하게 성형한다.

Ich mache ihm die Hand heil.

내가 그 사람의 손을 치료한다.

Der Arzt machte mir den Fuss gesund.

의사가 내 발을 치료했다.

Ein Mann machte dem Auto kaputt.

한 남자가 자동차를 망가뜨렸다.

Das Dienstmädchen hält ihm die Wohnung sauber.

일하는 사람이 그의 집을 깨끗하게 유지한다.

Der Friseur färbte ihr Haare rot.

이발사가 그녀의 머리를 빨갛게 염색했다.

④ **Subjekt + Prädikat + Raumergänzung + Pertinenzdativ**

Ich klopfe ihm auf die Schulter.

[[Ich]$_{Subjekt}$ [[klopfe]$_{V=Prädikat}$ [ihm]$_{Pertinenzdativ}$ [auf die Schulter]$_{Raumergänzung}$]

나는 두드린다 그의 어깨 위를

$_{VP}$]$_{S}$

소유의 3격이 공간보충어와 관련된 종류의 문장구성유형[Satzbaupläne]에 속하는 문장들은 다음과 같다.

Ich klopfe ihm auf die Schulter.
내가 그의 어깨를 가볍게 두드린다.

Ich schaue ihr in die Augen.
내가 그녀의 눈을 쳐다본다.

Ich springe ihm auf den Rücken.
내가 그 사람의 등위로 뛰어오른다.

Der Regen läuft mir in die Schuhe.
비가 내 구두 속으로 스며든다.

Ich schaue ihm in den Hals.
내가 그 사람의 목구멍을 들여다본다.

Er schlägt ihr ins Gesicht.
그가 그녀의 얼굴을 때린다.

Ich streichle ihr über das Haar.
내가 그녀의 머리를 쓰다듬는다.

Das Haar klebte ihm an den Schläfen.
머리카락이 그 사람의 관자놀이에 붙었다.

Er ging mir aus dem Weg.
그 사람은 내 길을 피했다.

Ich stehe ihm zur Seite.
내가 그 사람 옆으로 비켜선다.

Er tritt dem Hund auf dem Schwanz.
그 사람이 개의 꼬리를 밟았다.

신체의 접촉을 뜻하는 동사에서는 가끔 소유의 3격 대신 소유의 4격이 사용된다. 이런 현상은 특히 〈beissen 물다〉, 〈küssen 입마춤하다〉, 〈stechen 찌르다〉, 〈stossen 밀어부치다〉, 〈zwicken 꼬집다〉 같은 동사에서 나타난다. 이런 동사들이 사용되면 3격과 4격이 거의 비슷하게 사용되는데 오히려 4격이 좀 더 자주 사용되는 경향을 보인다.

Ich habe mir/mich beim Essen auf die Zunge gebissen.
나는 식사도중 내 혀를 깨물었다.

Der Hund hat mir/mich in das Bein gebissen.
개가 내 다리를 물었다.

Die Wespe stach ihr/sie ins Bein.
말벌이 그녀의 다리를 쏘았다.

Er stiess ihn/ihm in die Seite.
그 사람이 그의 옆구리를 툭 밀었다.

Er zwickte ihr/sie in die Beine.
그가 그녀의 다리를 꼬집었다.

Er küsste sie/ihr auf die Stirne.
그가 그녀의 이마에 키스했다.

Der Rauch biss mir/mich in die Augen.
연기가 내 눈을 따갑게 찔렀다.

반대로 〈boxen 권투하다〉, 〈hauen 때리다〉, 〈klopfen 두드리다〉, 〈schiessen 쏘다〉, 〈schlagen 두들기다〉, 〈schneiden 자르다〉, 〈treten 차다〉 같은 동사에서는 3격이 많이 쓰인다.

Ich haute ihm ins Gesicht.
내가 그의 얼굴을 때렸다.

Ich boxe ihm in den Magen.
내가 그의 위 부분을 때렸다.

Er wurde in den Leib geboxt.
그가 몸을 구타당했다.

⑤ Subjekt + Prädikat + Akkusativobjekt + Raumergänzung + Pertinenzdativ

Er legt ihr die Hand auf die Schulter.

[[Er]$_{Subjekt}$ [legt]$_{V=Prädikat}$ [die Hand]$_{Akk-objek}$ [auf die Schulter]$_{Raumergänzung}$
그는 놓았다 손을 어깨위에

[ihr]$_{Pertinenzdativ}$]$_{VP}$]$_{S}$
그녀의

이런 종류의 문장구성유형Satzbaupläne에 속하는 3격은 신체부위나, 인간 또는 동물에 속하는 그 무엇에 영향을 끼치면 어디에서나 사용된다. 문장들의 예는 다음과 같다.

Er legte ihr die Hand auf die Schulter.
그가 그녀의 어깨 위에 손을 놓았다.

Er schlägte ihm das Handtuch um die Ohren.
그가 손수건으로 그 사람의 귀를 때렸다.

Sie hat ihm den Schirm auf den Kopf geschlagen.
그녀가 우산으로 그의 머리를 때렸다.

Die Erkältung hat sich ihm auf die Nieren geschlagen.
감기 때문에 그의 신장이 나빠졌다.

Er wirft ihm den Ball ins Gesicht.
그가 그 사람의 얼굴에 공을 던졌다.

Der Arzt hat ihm eine Spitze in den Arm gejagt.
의사가 그의 팔에 주사기를 꽂았다.

Er schnallt dem Kind den Ranzen auf den Rücken.
그가 아이의 등에 학교가방을 매어 준다.

Er reibt ihr Salbe auf die Wunde.
그가 그녀의 상처에 연고를 바른다.

Er hat mir Farbe an den Rock geschmiert.
그가 내 스커트에 물감을 묻쳤다.

Das Kind hat mir Tinte über die Hose gegossen.
그 아이가 잉크를 내 바지에 쏟았다.

Das Mädchen hat mir Salz in den Kaffee geschüttet.
그 소녀가 내 커피에 소금을 부어 넣었다.

Der Gärtner pflanzt uns Blumen in den Garten.
정원사가 우리집 정원에 꽃을 심는다.

여기에서의 관찰은 동사에 좌우되는 3격목적어와 구분되는 소유 3격들이 여러 문형 체계에 적용되고 있음을 보여준다.

참고 문헌

Bierwisch, M. (1983[9]): Grammatik des deutschen Verbs. Berlin.

Bußmann, H. (2008[4]): Lexikon der Sprachwissenschaft. Stuttgart.

Bühler, K. (1934): Sprachtheorie. Jena.

Duden (2009[8]): Der Grosse Duden Bd. 4. Mannheim.

Dürscheid, Ch. (2012[6]): Szntax. Grundlagen und Theorien. Göttingen.

Eisenberg, P. (1989[2]): Grundriss der deutschen Grammatik. Stuttgart.

Eisenberg, P. (1999): Grundriss der deutschen Grammatik. Der Satz. Stuttgart.

Engel, U. (1988): Deutsche Grammatik. Heidelberg.

Engelberg, S. (2000): Verben, Ereignisse und das Lexikon. Tübingen.

Erben, J. (1972): Deutsche Grammatik. Ein Abriss. München.

Fleischer, W. (1982[5]): Wortbildung der deutschen Gegenwartssprache. Leipzig.

Gallmann, P. (1990): Kategoriell komplexe Wortformen. Tübingen.

Glinz, H. (1975[3]): Deutsche Grammatik Ⅰ. Frankfurt/Main.

Glinz, H. (1975[2]): Deutsche Grammatik Ⅱ. Frankfurt/Main.

Götze, L. (2002): Deutsch Grammatik. Gütersloh/München.

Helbig, G. (Hrsg.)(1971): Beiträge zur Valenztheorie. Halle/Saale.

Helbig, G./Buscha, J. (2001): Deutsche Grammatik. Ein Handbuch für den Ausländerunterricht. Berlin.

Helbig, G./Schenkel, W. (1978[4]): Wörterbuch zur Valenz und Distribution deutscher Verben. Leipzig.

Heringer, H. J. (1973[2]): Theorie der deutschen Syntax. München.

Heringer, H. J. (2006[2]): Kleine deutsche Grammatik. Berlin.

Kessel, K./Reimann, S. (2012[4]): Basiswissen. Deutsche Gegenwartsprache. Tübingen.

Lindauer, Th. (1994): Genitivattribut. Tübingen.

Linke, A. et al. (1994[2]): Studienbush Linguistik. Tübingen.

Maas, U. (2014[2]): Was ist Deutsch. München.

Meibauer, J. (Hrsg.)(1987): Satzmodus zwischen Grammatik und Pragmatik. Tübingen.

Meibauer, J. et al. (2015[3]): Einführung in die germanistische Linguistik. Stuttgart.

Meibauer, J./Steinbach, M./Altmann, H. (Hrsg.)(2013): Satztzpn des Deutschen. Berlin.

Müller, B. L. (1985): Der Satz. Definition und sprachtheoretischer Status. Tübingen.

Ortner, H. (1987): Die Ellipse. Ein Problem der Sprachtheorie und der Grammatikschreibung. Tübingen.

Pafel, J. (2011): Einführung in die Syntax. Stuttgart.

Polenz, P. von (1988): Deutsch Satzsemantik. Berlin.

Schumacher, H. (1989²): Valenzbiographie. Mannheim.

Stepanowa, M.D./Helbig, G. (1981²): Wortarten und das Problem der Valenz in der deutschen Gegenwartssprache. Leipzig.

Tarvainen, K. (2000): Einführung in die Dependenzgrammatik. Tübingen.

Wygotski, L. S. (1934/1964/1986): Denken und Sprechen. Frankfurt/Main.

Zifonun, G./Hoffmann, L./Strecker, B.(Hrsg.)(1997): Grammatik der deutschen Sprache. Bd. 2., Berlin. S. 955-991.

찾아보기

A

B

D

E

F

G

H

I

K

M

여종문

전라북도 군산에서 태어나 대한민국/영국/독일에서 공부하고, 독일정부의 지원을 받아 하노버대학교에서 학사-석사과정(독어학: 통사론, 화용론/영어학: 음운론, 번역이론)과 박사과정(독어학: 텍스트화용론)을 거쳤다. 독일모교인 하노버대학교 독어독문학과 강사를 거쳐 지금은 대한민국모교인 전북대학교 인문대학 독어독문학과 교수로 일하고 있다.

〈저서〉
독일어 화용개요 II. 독일어 낱말과 발음연습. 2013. 신아사.
독일어 화용개요 I. 독일어 소리. 2012. 신아사.
Deutsche Phonologie und Morphologie als Problem für Koreaner. 2005. Hamburg.
Textpragmatik, Textfunktion, Textanalyse. 2003. Frankfurt/Main.

〈논문〉
Die Korrelation zwischen Textziel und Textstruktur,
Zum Begriff der <Muttersprache>,
Zur Funktion des deutschen Verbs <werden>,
Die <-er-Plurale> im Deutschen,
Das Analysemodell für Gebrauchstexte, etc.

독일어 화용개요 IV

독일어 문장

DER SATZ IN DER DEUTSCHEN SPRACHE

초판 1쇄 발행 _ 2015년 12월 30일

저　　자 · 여 종 문
발 행 인 · 정 현 걸
발　　행 · 신 아 사
인　　쇄 · 예지인쇄
출판등록 · 1956년 1월 5일 (제9-52호)
주　　소 · 서울특별시 은평구 통일로 59길 4 (2층)
전　　화 · 02)382-6411 · 팩스 02)382-6401
홈페이지 · www.shinasa.co.kr
E-MAIL · shinasa@daum.net

ISBN 978-89-8396-925-5(93750)
저자와의 협의로 인지를 생략합니다.

정가 12,000원